청소년을 위한
절대 지식

청소년을 위한
절대 지식

알아두면 평생 써먹는 지식과 교양

홍명진 지음

인물과
사상사

여러분이 지식인입니다

청소년기는 일생에서 가장 열심히 공부할 때입니다. 인생을 살면서 열 개가 넘는 학문을 동시에 공부하는 시기는 별로 없어요. 그런데 교과서와 입시 공부 외에도 필요한 공부가 있습니다. 바로 우리가 사는 세상에 어떤 일이 벌어지고 있는지 꼼꼼히 살피는 공부예요. 물론 교과서에 나오는 내용도 매우 중요하기에 이 책에서는 교과 과정에 있는 주요 주제들도 비중 있게 다룹니다. 교과 과정과 교과서 밖의 내용 중 청소년들이 반드시 알아야 할 쟁점들을 망라하고 있습니다.

세상은 엄청난 속도로 바뀌고 있습니다. 정치, 외교, 경제, 환경, 기술, 문화 등 다방면에서 깨알같이 많은 사건이 벌어지고 온갖 의견들이 와글와글 쏟아지죠. 이 책은 그런 세계의 이슈들을 두루 파악할 수 있는 주제들로 꾸몄습니다. 각 주제에 대한 개념 정의는 물론이고 풍부한 사례, 문제점과 대안, 사안을 꿰뚫어 보는 통찰력, 사안을 나의 것으로 소화해 재해석하는 비판적 사고력 등에 중점을 두었습니다.

각 주제의 쟁점은 무엇이고, 서로 어떻게 연결되어 있는지, 미래에 어떤 방향으로 흘러갈지 예상해볼 수 있도록 했습니다. 또 이 모든 일이 우리의 미래에 어떤 영향이 있는지도 짚었습니다.

이 책이 모든 해답을 제시하는 것은 아닙니다. 다만 독자들에게 여러 가지 생각거리를 던져주고 각자 고민해볼 계기를 열어주고자 합니다. 우리는 지식이 넘쳐나는 시대를 살고 있습니다. 가짜 정보, 왜곡된 사실, 편견에 치우친 주장도 돌아다니고요. 그래서 지식을 탐구하고 습득하는 사람에게 필요한 것은 비판적인 사고와 분별력입니다.

사실 우리가 공부하는 목적 가운데 하나는 비판적 사고 능력을 갖추기 위해서입니다. 요즘은 아직 어린 학생들이라

해도 나름대로 상당한 지식을 쌓고 있지요. 그런데 다양한 지식을 갖추는 것은 그 자체로 목적이 아닙니다. 그동안 쌓은 지식과 논리를 바탕으로 자신의 의견과 관점을 길러야 해요. 부모님, 선생님, 또는 어떤 유명한 학자가 그렇게 말해서가 아니라, 여러분 자신의 의견을 내세워야 합니다.

지식인은 어떤 사람일까요? 프랑스 철학자 장 폴 사르트르는 '남의 일에 참견하는 사람'이라고 했습니다. 단지 지식이 많다고 지식인이 되는 게 아니라 밖의 세계에 관심을 기울여야 합니다. 그리고 자기 색깔의 목소리를 내고 자기가 믿는 것을 행동으로 옮겨야 해요.

대부분의 시간 동안 우리의 생각은 작은 세계에 머물러 있습니다. 오늘의 급식 메뉴, 옆옆 자리에 앉은 이성 친구, 재미있는 영상, 풀리지 않는 수학 문제, 사고 싶은 운동화 등에 골똘히 빠져 있지는 않나요? 그런데 책을 읽고 세계의 이슈를 접하며 나의 생각을 확장하다 보면 어떤 일이 벌어질까요?

우리의 생각은 휴전선을 넘고 태평양도 건너고 아메리카와 유라시아 대륙 너머까지 뻗어 나갑니다. 아프리카와 서남아시아, 중남미를 넘나들며 여러 의견을 쏟아냅니다. 그러고 나면 세상의 오랜 문제들, 정의롭지 못한 것, 가려진 진실, 억압에 놓인 다른 사람들의 삶도 우리에게 보이게 되지요.

세상에서 벌어지는 일에 호기심의 끈을 놓지 않고 비판과 애정의 시선을 간직하세요. 그리고 '남의 일'에 참견하기를 멈추지 마세요. 그렇게 우리는 지식인이 되어간답니다. "나도 지식인이다" 또는 "내가 바로 지식인이다", 이런 자신감 아주 좋습니다.

2023년 7월

홍명진

contents

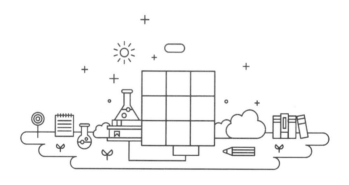

다문화

 여전히 존재하는 '단일민족'의 신화

우리나라에서 해외여행이 자유로워진 때는 1989년 1월 1일이었습니다. 당시까지 외국을 다녀오는 건 특별한 사람들의 특별한 사건이었습니다. 거리에서 외국인을 마주치는 것도 아주 드문 일이었지요. 외국인 아내나 남편은 추석 TV 특집 프로그램에 나올 정도로 희귀했으니까요. 1990년대 중반 세계화 물결과 함께 상품, 서비스, 자본뿐 아니라 사람들이 국경을 넘나들었습니다. 우리나라도 외국인 인구가 크게 늘어나 다문화 사회로 접어들었습니다.

다문화는 한 사회 안에 여러 민족과 국가의 문화가 한데 섞여 어울리며 살아가는 것을 의미합니다. 지난 10년 동안 다문화 인구는 꾸준히 늘어왔습니다. 현재 신생아 100명 가운데 6명이 다문화 가정에서 태어나고 있습니다.

통계청 자료에 따르면, 2020년 기준으로 우리나라 총인구 5178만 명 중 222만 명(4.3퍼센트)이 외국인입니다. 경제개발협력기구OECD 기준으로 외국인, 이민 2세, 귀화인이 총인구의 5퍼센트 이상이면 다민족, 다인종 국가로 분류됩니다. 출생률이 세계에서 가장 낮은 수준인 0.8명이고, 외국인 이주 인구는 꾸준히 늘고 있는 우리나라가 다민족 국가로 바뀌는 건 먼 이야기가 아닙니다.

다민족 국가 한국은 생소하게 들립니다. 요즘은 드러내놓고 그렇게 말하지는 않지만 우리의 의식은 아직 '단일민족'의 신화에 머물러 있기 때문입니다. 많은 이가 여전히 한국을 혈통과 생김새와 문화와 언어가 같은 사람들의 공동체로 여기고 있습니다. 그렇지만 지금의 통계와 추세를 볼 때 다민족 국가 대한민국은 점차 기정사실이 되어가고 있습니다.

다민족 국가의 구성원으로 살아가기 위해 먼저 해야 할 일이 있습니다. 우선 한국인의 정의를 새롭게 내리는 것입니다. 과연 한국인이란 누구일까요? 가장 먼저 외모가 눈에 띕니다. 우리는 "한국인처럼 안 생겼다"라는 말을 흔히 하곤 합니다. 하지만 개개인별로 찬찬히 뜯어보면 한국인의 외모는 생각보다 훨씬 가지각색이고 고유의 특색과 개성을 지녔습니다.

'얼굴 천재'로 손꼽히는 한국인 남녀 배우 한 쌍을 떠올려봅시다. 그 배우와 나는 같은 한국인입니다. 그런데 나는 정말 그와 닮았을까요? 나와 그를 같은 '종족'으로 분류해도 될까요? 우리는 이목구비가 크고 오뚝하고 뚜렷한 사람을 '이국적'으로 생겼다고 말하곤 하는데, 정말로 이국(다른 나라) 출신이라서 그런지도 모릅니다. 수백 년 또는 수천 년부터 내려오는 이국 조상의 유전 형질을 물려받았기 때문이지요.

인종, 유전적 특징으로 한국인은 대개 몽골, 시베리아, 만주에서 내려온 북방계와 중국 남부, 동남아시아에서 온 남방계로 구성되어 있다고 말합니다. 하지만 수많은 전쟁으로 한반도에는 중국 한족, 왜, 거란족, 여진족, 몽고족, 쿠르드족, 흉노족, 돌궐족, 말갈족, 위구르족 등 여러 민족의 유전자가 섞였습니다. 또 삼국 시대나 고려 시대는 생각보다 훨씬 개방적인 사회였습니다. 〈처용가〉의 주인공 처용은 신라를 오가던 아라비아 상인의 후예라는 설이 있습니다.

이미 신라 시대에도 국제 교류가 이루어졌습니다. '넌 인도나 아랍계처럼 진하게 생겼어'라는 말을 듣는다고요? 30대

정도 위로 거슬러 올라가면 이국적인 조상분이 계실지 모릅니다. 고려가 국제 무역항을 설치하고 태국, 베트남 등 동남아뿐 아니라 아라비아, 페르시아 상인들과 활발한 해상무역을 했다는 사실은 잘 알려져 있습니다. 아라비아와 중앙아시아 서역인, 베트남과 인도에서 온 사람들 중에는 고려에 귀화해서 정착한 이도 많았습니다.

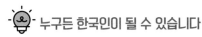

누구든 한국인이 될 수 있습니다

누군가는 조상 대대로 한반도에 터를 잡고 살아왔기 때문에 자기의 정체성이 한국인에 더 가깝다고 주장할지 모릅니다. 그렇다면 몇 대조 조상 때부터 이 땅에 살았어야 정통 한국인일까요? 누군가는 조선시대 성종(15세기 말) 때로 거슬러 갈 수도 있고, 고려시대 초(11세기)까지 도달할 수도 있습니다. 사람마다 경계와 기준이 모호합니다. 게다가 그 증거라는 것이 기껏해야 족보일 텐데, 노비였던 조상님 중 한 분이 조선 중기 이후 흔했던 '족보 세탁'을 했을지도 모를 일입니다. 실상은 조상님이 명나라 병사, 여진족 관료, 동남아시아에서 표류한 선원일지 누구도 알 수 없는 일입니다.

국가가 특정 민족으로 구성된 운명 공동체라는 개념은 대부분 국가에서 폐기되었습니다. 이제 혈통을 따지는 건 주로 강아지 분양할 때 품종 관리가 잘 된 '순수 혈통' 진돗개나 시바견을 감별할 때나 쓰입니다. 또는 북한에서 김일성 일가를 뜻하는 '백두 혈통'을 언급할 때나 들어볼 수 있습니다.

한 민족의 구성원을 들여다보면 공통점보다 차이점이 더 많습니다. 한국은 비교적 동질성이 높은 사회이지만 다른 나라에서는 한 국가 안에 인종, 종교, 언어, 계급 등이 훨씬 자잘하게 나뉘어 있습니다. 우리가 '같은 한국인'이라고 말하더라도 각 개인이 직접적으로 아는 한국인은 수백에서 수천 명에 불과합니다. 같은 지리적 공간에 살고, 같은 언어를 쓰고, 같은 문화적 전통을 공유해도 얼마든지 남으로 살아갈 수 있습니다. 5000만 명에 이르는 개별 한국인의 정체성과 나의 정체성이 일치하는 것은 결코 아닙니다.

각자의 국적은 운명, 필연, 혈통, 유전이 아니라 우연과 선택으로 얻은 것입니다. 법적 절차를 따라 선택해서 얻을 수도 있고, 상실할 수도 있습니다. 요즘 TV에서 한국인이 된 중국인, 독일인, 미국인, 콩고인을 쉽게 찾아볼 수 있습니다. 물론 중국인이나 일본인이나 미국인이 된 한국인도 있지요. 이렇게 정치적 법적 배경으로 한국인이 되었고 사회화 과정을 거치며 스스로를 한국인과 동일시하면서 정체성은 실체가 됩니

누구든 한국인이 될 수 있습니다.

다. 우리가 하나의 역사를 지닌 민족이라는 정서적 느낌이 더해지면 소속감은 더 강화됩니다. 이처럼 한국인의 정체성은 물리적이고 확고부동한 실체라기보다 관념에 더 가깝습니다.

여기에 생각이 이르면 우리 인식 속에 고정된 한국인의 범주는 얼마든지 더 늘어납니다. 생김새가 어떠해야 한다거나 조상대대로 이 땅에 살았어야 한다는 고정관념이나 심리적 저항은 사라지고 맙니다. 부모님 따라 중학생 때 이민 간 사람도 미국 시민권을 취득하면 미국인이 됩니다. 족보 같은 것 하나 없어도 근본도 뿌리도 따지지 않고 조지 워싱턴, 토머스 제퍼슨, 존 애덤스를 조상님으로 모시게 됩니다. "당신 아버지는 케냐인인데 당신이 어떻게 미국인일 수 있지요?"와 같은 괴상한 질문을 던지지도 않습니다. 상대방이 꼭 버락 오바마라서가 아니라 미국인은 운명처럼 태어나지 않고 취득하는 것이기 때문입니다. 어디 가서 "미국인처럼 안 생겼네? 햄버거는 먹을 줄 알아?"와 같은 질문은 생전 들어볼 일이 없습니다.

대표적인 다인종 국가인 미국과 비교할 만큼은 아니지만 낮은 단계의 다인종 국가로 진입하는 우리나라 역시 다문화가 공존하고 서로 조화를 이루는 사회를 그려 나가야 합니다. 그 첫 번째 단계는, "누구든 한국인이 될 수 있다"는 당연한 인식입니다. 법무부가 정한 절차에 따라 한국인이 되었다면 얼굴색이 검든 노랗든 파랗든, 속마음이 콩밭에 있든 밀밭에 있든 한국인으로 인정해야 합니다.

출신과 배경이 어떠하든 법과 절차를 따라 한국인이 되었다면 더 이상 이방인이 아니라 우리 공동체의 일원이라는 생각이 자리 잡기까지는 오랜 세월이 걸릴 것 같지 않습니다. 그렇게 된다면 미국에서 그렇듯 한국인을 출신 지역별로 표현하게 될지도 모르겠습니다. 네팔계 한국인, 핀란드계 한국인, 일본계 한국인, 베트남계 한국인, 러시아계 한국인, 에티오피아계 한국인….

고대로부터 현대에 이르기까지 강력한 나라들의 특징은

다민족 다문화를 끌어안는 사회 통합 정신과 관용이었습니다. 대체로 대한민국은 작지만 강한 국가로 인정받고 있습니다. 대한민국 역시 다문화를 통합해야 하는 과제를 앞에 두고 있습니다.

유럽의 대표적 다인종 국가, 프랑스

프랑스는 유럽의 대표적 다인종 국가 중 하나입니다. 이주 인구가 약 900만 명으로 전체 인구의 14퍼센트입니다. 프랑스는 최근 아랍계 이민자 사회와 갈등을 겪고 있습니다. 하지만 이러니 저러니 해도 이민자 출신이 동네에서 식당이나 카페를 운영하고, 경찰이나 행정 공무원으로 일하는 것이 자연스럽습니다. 저임금 노동을 떠받치는 이민자 사회의 불만이 높은 것은 사실이지만, 이민자 출신이 프랑스 정부 최고위직까지 진출하는 경우도 적지 않습니다.

우리나라가 미국이나 캐나다 수준까지는 아니어도 상당한 정도의 다민족 국가가 된다면 다문화 출신을 대변하는 정치적 사회적 목소리가 커질 것입니다. 우리나라에는 최초로 이주민 국회의원이 된 필리핀 출신의 이자스민이 있었습니다. 앞으로는 더 많은 사회적 기회에 대한 요구가 일어날 것입니다.

프랑스에서 고위직에 오른 이민자 출신들

법무부 장관 : 크리스티안 토비라(기아나 출신 이민자)
중소기업부 장관 : 플뢰르 펠르랭(한국계 입양아)
23대 프랑스 대통령 : 니콜라스 사르코지(헝가리계 이민자)
파리 시장 : 안 이달고(스페인계 이민자)
디지털부 장관 : 세드릭 오(한국계 이민자 2세)

　　다문화라는 말은 2000년대 초부터 행정 업무에서 쓰이기 시작했습니다. 여러 인종과 문화 출신들이 서로 다름을 존중하지만 하나의 공동체에서 조화를 이루며 살자는 의미입니다. 행정에도 일상에도 쓰이는 중립적인 단어입니다. 그런데 세월을 지나오면서 차별, 편견의 의미가 스며들기도 했습니다. 누군가는 다문화라는 말에서 이방인, 다른 피부색, 가난, 개발도상국, 외국인 노동자, 불우함 등을 떠올리기도 합니다.

　　하지만 앞으로 경험할 인구 구성의 변동, 인식의 변화, 사회적 통합이 뒷받침된다면 다문화라는 말의 의미도 서서히 변하게 될지 모릅니다. 다문화라는 꼬리표 또는 특별한 관심은 희미해질 것입니다. 그러므로 다문화 사회의 최종 종착지는 다문화라는 말 자체가 낡은 옛말이 되어 사라지는 때일지도 모르겠습니다.

인권 / 기본권

국가와 정부보다 우위인 '개인의 권리'

1970~1980년대의 초등학생들은 국민교육헌장을 의무적으로 외워야 했습니다. 교회에서 주기도문을 외우듯 한 목소리로 낭송하기도 했습니다. 어려운 개념어가 촘촘히 박혀 있는 글을 어린아이들은 술술 암기했습니다.

선생님은 말썽쟁이 아이들에게 국민교육헌장 열 번 쓰기 같은 벌을 내리기도 했습니다. 이것이 왜 벌인지는 국민교육헌장을 읽어보면 알 수 있습니다. 재미있는 내용이라고는 하나도 없습니다. 그 시작은 이렇습니다. "우리는 민족중흥의 역사적 사명을 띠고 이 땅에 태어났다." 어린아이들이라도 어렴풋이 알 수 있듯이 우리가 나라에 충성하기 위해 태어났다는 의미였습니다.

하지만 이미 그보다 200년 전에 나온 미국 독립선언문(1776)은 "모든 사람은 평등하게 창조되었고 창조주로부터 양도할 수 없는 몇 가지 권리를 부여받았으며, 그 권리 중에는 생명, 자유, 행복의 추구가 있다. 이 권리를 확보하기 위해 사람들은 정부를 조직했으며…"라고 말합니다. 여기에서 '정부를 조직했다'는 표현이 중요합니다.

이 선언에 따르면 정부는 하늘이 내려준 신성한 것이 아닙니다. 개인의 존엄성과 권리를 보호하기 위한 목적으로 만든 것뿐입니다. 나라를 위해 개인이 존재하는 것이 아니라 도리어 그 반대입니다. 국가에 대한 충성에 익숙한 옛 세대들에게는 낯설게 느껴지겠지만, 오늘날 민주주의 헌법의 가치는 이 주장을 지지합니다.

개인의 권리를 우선하는 가치는 1215년 마그나카르타에서 기원을 찾기도 합니다. 당시 영국 국왕 존의 실정과 과도한 조세에 지친 귀족들은 시민들의 지지를 받으며, 왕에게 자신들의 주장을 담은 문서에 서명하라고 요구했습니다. 이때 존 왕이 서명한 문서를 마그나카르타라고 합니다. 여기에는 재산을 박탈하지 않고, 목숨을 위협하지 않으며, 안전과 자유를 보장한다는 등의 내용이 담겼습니다. 하지만 당시에는 왕족과 귀족들에 대한 떠오르는 자산가 부르주아지들의 권리를 위한 것이었습니다. 오늘날 이 가치들은 보편적인 인권입니다.

인권, 즉 인간의 권리는 다음과 같이 정의할 수 있습니다.

1. 시민으로서의 권리 : 언론 종교 사상의 자유, 소유권, 법 앞의 평등한 대우
2. 정치적 권리 : 투표, 정치적 의견 말함, 정치 참여
3. 사회적 권리 : 폭력에서 안전, 적정 생활수준을 누림, 의료, 교육

민주주의 헌법은 국가가 존엄하다고 하지 않고 개인이 존엄하다고 말합니다. 개인의 권리는 사실 국가보다 우위에 있습니다. 개인의 권리야말로 하늘이 내려준 신성한 것입니다 (천부인권). 모든 인간이 존엄한 존재로 태어났고 자유롭고 평등하다는 기본 전제는 앞서 말한 미국 독립선언 때부터 현대 민주주의 국가까지 이어져오는 헌법의 정신입니다.

존엄의 사전적 의미는 인물이나 지위가 감히 범할 수 없을 정도로 높고 엄숙함을 뜻합니다. '임금의 지위를 이르던

말'이라고도 되어 있습니다. 민주 국가에서 주권이 국민에게 있다는 말은 이론적으로 말해서 국민 각 개인이 주권자, 왕, 임금이나 마찬가지라는 뜻입니다. 북한에서는 지도자 김정은을 '최고 존엄'이라고 부르지만 더 존엄하고 덜 존엄한 것 따위는 없습니다. 서울 시민, 평양 인민, 베를린 시민 할 것 없이 그저 모든 인간이 위아래 없이 똑같이 존엄합니다.

💡 인간의 존엄성은 그 자체로 목적이자 무조건적 가치입니다

인간의 존엄성이라고 하면 먼지 쌓인 책장에 꽂힌 두꺼운 법전이나 추상적이고 철학적이고 난해하다는 말이 먼저 떠오릅니다. 무겁고 무미건조하기까지 한 이야기 같습니다. 특히나 천부인권까지 나오면 더 그렇지요. 인간의 존엄성이란 인간이 어떤 도구나 수단이 아니라 그 자체로 목적이라는 뜻입니다. 칸트는 인간의 존엄을 가격이 매겨져서 팔리거나 교환할 수 없는 것, 수단이 아니라 비교할 수 없는 무조건적인 가치라고 말했습니다.

전쟁에서 전사한 병사들을 생각해볼까요. 역사적으로 치열한 전투를 보면 고지 하나를 점령하는 데에 수백 명의 목숨이 희생되는 일이 흔합니다. 더 이해할 수 없는 것은 그렇게 치열하게 싸운 다음 날 다시 빼앗기거나 철수해버립니다. 인간이 마치 전쟁의 소모품처럼 느껴집니다.

누군가는 이렇게 말합니다. 나라가 존립해야 개인의 삶도 있다. 물론 자유와 평화가 위협받으면 우리는 싸울 것입니다. 기꺼이 목숨을 버리는 이들도 생기겠지요. 하지만 무엇으로도 정당화할 수 없는 전쟁에 자기 의지와 상관없이 동원되어 희생되는 군인도 많습니다. 인간 존엄성이 헌신짝처럼 버려지는 순간입니다.

1970년대 수출 제조업의 공장 노동자들은 '국가 산업 발전의 역군'이라는 소리를 들었습니다. 열악한 노동 조건과 낮은 임금에 혹사당하는 것이 곧 나라를 위한 희생과 봉사로 묘사되었습니다. 국가를 위해 인간 존엄성은 얼마든지 희생해도 좋을까요? 다시 한 번 말하자면, 개인이 국가를 위해 존재하는 것이 아니라 국가가 개인을 위해 존재합니다. 주민센터, 정부, 검찰, 군대, 대통령까지 모두 인간의 존엄성을 위해 존재합니다.

인간이 태어날 때부터 존엄하며 권리를 지닌다는 말은 철학자나 윤리학자의 엄숙한 선언이나 설교처럼 들립니다. 이론적이고 추상적인 당연한 말씀 같지요. 그렇지만 이 선언은 우리 현실의 문제이자 구체적이며 일상적인 사회적 조건에 관한 이야기입니다.

인간의 존엄성이 깡그리 무시되던 중세로 넘어가 볼까요. 사람들은 재판 없이 처벌을 받거나 재산을 빼앗겼습니다. 당시 고문 기술을 보면 요즘 시대에 태어난 것을 감사하게 됩니다. 어떻게 해야 숨통을 끊지 않고 오랫동안 고통을 줄 수 있을까가 고문 기술자들의 숙제였습니다. 고문한 내용을 읽기만 해도 왜 도끼로 목을 치는 것이 차라리 '자비'인지 깨닫게 됩니다.

20세기 들어서는 끓는 기름통에 들어가거나, 살을 도려내는 형벌을 당하지 않게 되었다고 안심하기엔 아직 이릅니다. 한 세대 전인 1980년대까지만 해도 서울 남산에 고문실이 있었습니다. 고문 기술자들은 일제 때부터 내려오는 고문 기술을 전수받거나 응용해서 민주화 운동가들을 처참히 짓밟았습니다. 구타나 며칠씩 잠 안 재우기는 기본이고 전기고문, 물고문으로 멀쩡한 사람을 간첩이나 국가 전복 세력으로 만들었습니다.

이제 우리는 고문이 없는 세상에 살고 있습니다. 개나 고양이를 고문하거나 학대해도 동물보호법으로 법적 처벌을 받을 만큼 의식 수준이 높아졌습니다. 그렇다고 해서 인권과 인간 존엄성이 충분히 실현된 세상이 된 것은 아닙니다. 학교,

군대, 직장, 가정에서는 여전히 물리적이거나 정신적인 폭력이 이루어지고 있습니다.

여전히 많은 이가 일터에서 갑질을 당하지 않고 공평한 대우를 받고, 억압과 폭력에서 자유롭고, 학대받지 않고, 인간답게 살 최소한의 조건을 누리게 해달라고 말합니다. 예전에는 그냥 참고 살아야 했던 갑질, 차별 문제까지 이제 법으로 엄격하게 다루기 시작한 것은 나름의 큰 변화였습니다.

그런데 인간 존엄성과 권리는 법으로 보장되기도 하지만 법 이전의 권리이기도 합니다. 기본권은 헌법이 보장하는 국민의 권리입니다. 정치에 참여하거나 국민을 위한 복지 혜택을 누리는 것은 국민에게만 주어집니다. 반면에 인권은 국적과 상관없이 모든 인간에게 해당됩니다. 인권은 국가를 넘어서서 존재하는 개념입니다. 한국인으로서의 인권, 네팔인으로서의 인권이 따로 있지 않습니다. 굶주림, 질병, 폭력, 부당한 법 절차에서 보호받는 것은 단지 인간으로 태어났다는 이유만으로 보장받아야 하는 권리입니다.

인권 보호의 가장 약한 고리가 드러나는 대상은 그 사회에서 가장 약하고 힘없는 집단입니다. 외국 난민이 그러한 집단의 하나이겠지요. 그리스와 이탈리아는 난민이 많이 발생하는 중동 아프리카와 가까이 있습니다. 그래서 두 나라의 난민 캠

프는 늘 포화 상태입니다. 난민들을 얼마나 받아들이고 어떻게 대우할지는 언제나 큰 논란을 부르는 문제입니다. 난민 정책에 따라 정당이나 정치인의 색깔이 드러나기도 합니다.

미국의 도널드 트럼프 전 대통령은 이민자 입국을 제한하고 배척하는 반이민 정책으로 잘 알려져 있습니다. 트럼프는 이민자들이 자국민의 일자리를 위협하는 사람들이라며 경계했습니다. 복지 선진국인 유럽에서도 보수당과 그 지지자들은 이민자들을 먹여 살리는 복지비용을 국민의 세금으로 충당해야 하는 현실을 개탄합니다. 여러분이 커서 월급 명세서를 확인할 때 매월 뚝뚝 떼어가는 세금을 보면 왜 저렇게 말하는지 조금은 공감할 수 있습니다.

반도이면서 휴전선에 가로막혀 있어 섬이나 마찬가지인 우리나라에서는 난민 문제가 이슈가 되는 일이 많지 않습니다. 그러던 중 2018년 예멘 난민 500명이 제주도에 입국해서 논란이 된 적이 있습니다. 우리의 시선이 난민에게 얼마나 적대적인지 확인한 계기였습니다. '정치적인 박해를 피해서 온 난민이 맞나?' '그냥 잘사는 나라에 돈 벌러 온 것은 아닌가?' '무슬림들이 우리 사회에 섞여 살면 범죄 위험이 있지 않을까?' 이처럼 경계하고 무슬림에 대한 혐오를 드러내는 목소리가 많았습니다. 물론 절박한 처지에 놓인 이들의 고통을 외면

해서는 안 된다는 주장도 있었습니다.

💡 인권은 국적 이전의 권리

　난민 심사는 물론 법무부의 몫입니다. 하지만 난민에 대해 어떤 마음과 태도를 품어야 할지는 각자에게 달려있습니다. 인권은 국적 이전의 권리라고 했습니다. 국제사회는 난민에 대해 기본적인 인권을 보호해주자고 서로 약속했습니다. 난민이나 불법 체류자라고 해도 굶주려 영양실조에 걸렸을 때, 병이 들어 치료가 필요할 때, 혹은 그 자녀들이 교육을 못받고 있을 때는 국민의 권리가 아니라 인권의 관점에서 챙겨주어야 합니다. 그런 일은 없겠지만 우리나라 사람들이 난민 신세가 되면 우리는 또 다른 이웃 나라들의 보호를 받아야 하니까요. 보트를 타고 죽을 고비를 넘기며 찾아간 어느 나라에서 "돈 벌러 왔구나? 우리 땅에서 나가"라고 말한다면 어떤 느낌일지 한번 상상해보세요.

　세계인권선언문(1948) 제1조는 이렇게 선언합니다. "모든 사람은 자유로운 존재로 태어났고, 똑같은 존엄과 권리를 가진다." 어느 나라의 국민이기 때문이 아니라 인간이기에 생명, 자유, 행복을 추구할 권리를 가집니다. 물론 우리도 먹고

살기 힘든데 모든 인류를 무한히 책임질 수는 없습니다. 하지만 우리가 가진 자원으로 최소한의 일을 할 수는 있습니다. 그 사회의 가장 약한 사람들을 보호하는 사회는 그만큼 더 건강하고, 나머지 구성원들의 존엄성과 권리까지 북돋아주는 공동체가 됩니다.

국제사회는 인권 문제를 놓고 압박 수단을 쓰기도 합니다. 보통 미국이나 유엔UN의 주도로 이루어집니다. 심각한 인권 문제를 일으키는 국가에 무역을 제한하거나 계좌를 동결하는 방식을 주로 씁니다. 이란은 그런 제재를 받는 나라 가운데 하나입니다. 이란에 수출입을 하거나 무역 대금을 송금하는 것이 어렵습니다. 여행도 자유롭게 하지 못합니다.

제재를 가하기 위해 군사 개입도 마다하지 않습니다. 리비아의 무아마르 카다피가 리비아 민주 시위대를 무력으로 진압했을 때 민간인을 보호한다는 명분으로 미국과 영국이 폭격에 나선 게 그 예입니다. 인종 차별 등 인권 문제가 심각했던 남아프리카공화국을 굴복시킨 것은 국제사회의 제재였습니다. 그럼에도 이란, 쿠바, 북한 등 제재 대상 국가들은 겉으로 보기에 끄떡도 하지 않는 것 같습니다. 제재를 하거나 말거나 내 갈 길 간다는 듯이 말입니다.

물론 인권을 압살하는 권력을 몰아내고 응징하는 영화처

럼 의심할 수 없는 정의는 아닙니다. 이러한 제재 조치나 개입에 대한 비판도 있기 때문입니다. 대체로 미국이나 유럽의 나라들은 자원 등 자국의 이권이 걸린 문제에서 상대 국가에 개입할 때 인권을 앞세웁니다. 개입하는 국가가 선택적입니다. 리비아에는 개입하면서 미얀마에는 개입하지 않습니다.

군사적으로 개입하는 과정에서 거주지가 파괴되어 민간인 학살이 벌어지기도 합니다. 인도네시아 전투기를 구입해주자 인권 이야기는 쏙 들어갑니다. 또 국가나 정부를 겨냥한 제재가 기초적인 의료품 수입까지 제한하면서 일반 국민을 고통에 빠뜨리기도 합니다. 주로 미국이 주도하는 이런 제재들은 인권 문제를 전면에 내세우지만 핵무기 등 군사적인 이유도 상당합니다. 인도에는 불가촉천민이 2억 명이나 되지만 여기에는 관심이 없습니다.

국제사회는 요즘 중국의 인권 문제에 민감합니다. 중국은 이를 내정 간섭이라면서 불쾌해하고요. 하지만 인권은 단지 인간이라는 이유로 보장됩니다. 인권은 국가보다 앞서는 권리이기 때문에 어느 국적이든 상관없이 보장됩니다. 남의 나라에서 벌어지는 인권 문제라고 해도 발언하고 비판할 수 있는 근거입니다.

안타깝고 슬프게도 최악의 인권 탄압국 가운데 한 곳은

우리 동포들이 사는 북한입니다. 국제사회는 북한의 인권 상황에 개탄하며 결의안을 내놓습니다. 북한의 동포들은 언제쯤 인권이 실현된 땅에서 살 수 있을까요.

자유와 평등

여러 빛깔을 지닌 '자유'의 의미

기술, 과학, 철학, 예술, 사회, 경제, 자연 같은 한자어 단어들은 우리가 일상어처럼 쓰지만, 200년 전쯤에는 우리나라에 존재하지 않았습니다. 근대화 과정에서 일본인들이 서양의 개념을 들여와 한자로 번역한 것을 우리가 받아들인 것입니다. 자유라는 말도 마찬가지입니다. Freedom, Liberty를 일본인들이 근대의 개념을 담아 번역한 말입니다. 자유自由라는 말이 전에도 있긴 했지만 오늘날 우리가 아는 뜻과는 달랐다고 합니다.

지금 쓰는 의미의 자유라는 단어도 개념도 없던 옛날과 달리 지금은 자유의 전성시대라 할 만큼 폭발적인 자유를 누리고 있습니다. 물론 아직 모두의 자유는 아닙니다. 지구상에는 여전히 권위주의 독재 국가가 많이 있습니다. 사상, 종교, 표현, 문화의 자유를 통제받는 국가도 많고 민주화 시위에 나섰다가 총을 맞거나 대통령을 비판한 기자가 살해되거나 실종되는 일도 빈번합니다.

　　자유는 사실 간단한 말은 아닙니다. 철학과 사상을 담은 관념어입니다. 여러 해석과 주석이 필요한 말이기도 합니다. 그 말을 쓰는 사람이 누구인지, 쓰는 의도와 맥락에 따라 의미가 조금씩 달라집니다.

　　최근 30년 동안 정치인, 학자, 언론인들은 신자유주의라는 말을 입에 달고 살았습니다. 너무나 친숙한 '자유'에 학구적인 단어 '주의'가 결합되자 조금 머리가 아픕니다. 그런데이 짧은 단어에 우리가 지나온 길과 앞으로 나아갈 길에 대한 그림이 담겨 있습니다.

　　'신'자유주의를 보기 전에 우선 자유주의부터 살펴보겠습니다. 인류 역사의 대부분은 절대왕권과 강력한 국가권력이 지배하던 시대였습니다. 18세기 말 사람들은 봉건 질서 신분제와 권력자의 억압에서 벗어나 보편적인 권리를 주장하기 시작했습니다. 모든 사람이 자유롭게 태어났다는 생각은 프랑스 혁명과 미국 독립혁명 같은 근대 시민혁명의 기반 사상이었습니다. 국가나 권력자가 내 몸도 내 사유재산도 함부로 할 수 없다는 생각은 종교, 언론, 표현의 자유 등 기본권 전체로 확대되었습니다.

이렇듯 국가권력의 힘을 제한하고 개인의 자유를 강조하는 것, 그리고 정부의 간섭 없이 시장을 굴러가게 하는 것이 18~19세기 자유주의의 가치였습니다. 민주주의와 자유시장 경제의 텃밭을 만든 생각이었지요.

이후 폭발적으로 성장하던 자본주의에 제동을 건 것은 1929년의 세계적인 경제 대공황이었습니다. 시장과 경제를 자유롭게 풀어놓았더니 도리어 경제가 한순간 폭삭 망했습니다. 주식이 폭락하고 회사가 도산하고 실업자가 수백만 명씩 쏟아지자 정부의 개입이 필요했습니다. 정부는 공공사업을 벌여서 돈을 풀고 일자리를 만들고 가난한 사람들을 구제했습니다. 또 병원과 학교와 노동 조건을 개선하는 일에 나섰습니다. 가난, 불평등, 질병을 해결하는 복지국가의 역할이 중요하게 떠올랐습니다.

하지만 1970년대 말 경제 불황이 찾아오고 공공 부채가 증가하자 경제학자들은 다시 예전의 자유주의로 돌아가자고 주장했습니다. 이것을 과거의 자유주의와 구분하기 위해 신자유주의라고 부릅니다. 신자유주의는 자유시장의 경쟁을 강조하는 사상이자 정책입니다.

💡 신자유주의의 탄생과 결함

신자유주의는 국가의 지출이나 세금을 줄이고, 국가의 간섭을 최소화하고, 자본의 자유를 보장합니다. 이런 사회에서 자원 분배가 더 효율적으로 이루어지고 경제적 사회적으로 더 발전한다는 게 신자유주의의 믿음입니다. 1980년대 초 미국과 영국이 선택한 길이었습니다. 정부의 규제 대신 자유 경쟁, 복지와 사회보장 축소, 고용의 유연성, 노동조합 약화, 공공의 민영화 등을 들 수 있습니다.

1980년 전후로 영국과 미국이 신자유주의를 시작했습니다. 비대하고 비효율적인 정부와 복지를 줄이자 정부의 역할이 약화되고 노동조합이 약화되었습니다. 세금이 축소되고 자본은 통제 밖의 영역에 놓이게 되었습니다. 그 결과 불평등이 심화되고 소수의 이익을 대변하는 정치가 강화되었습니다.

또한 신자유주의는 자유무역을 추구합니다. 때마침 글로벌 경제 시대가 열리면서 국가 경제는 서로 더 의존하게 되고, 상품과 자본이 국경을 더 자유롭게 이동했습니다. 1995년 세계무역기구wTo가 출범하면서 보호무역의 빗장을 열자 자유무역이 더 활발해졌습니다. 캐나다, 멕시코, 미국은 북미자유무역협정NAFTA으로 무역 장벽을 없앴습니다. 우리나라도 1999년 칠레를 시작으로 50개국 이상의 나라들과 자유무역협정FTA을 체결했습니다. 세계화 이후 국가의 힘이 약해지고 기업의 힘이 강해졌습니다.

정부가 간섭의 손길을 떼야 경제가 더 효율적으로 작동한다는 믿음은 오래가지 않았습니다. 2007년 세계 경제에 위기와 불황이 닥쳤습니다. 그 원인으로 금융회사들의 탐욕과 투기가 지목되었습니다. 금융과 투자회사들은 투기로 막대한 이익을 벌 때는 정부는 빠지라면서 자유방임 시장경제를 주장하더니, 파산 위기에 처하자 정부의 도움과 지원, 구제금융을 요구했습니다. 가장 효율적이고 생산적이라던 자유시장은 줄도산과 해고를 만들어냈습니다.

경제 위기가 벌어질 때마다 가장 고통 받는 사람은 서민과 사회적 약자들이었습니다. 양극화와 불평등은 눈에 띄게 심해졌고요. 어떤 경제학자들은 무한한 시장 자유를 외치는 신자유주의의 주장을 비판하고 재정과 은행, 산업에 대해 정부 규제를 더 강화해야 한다고 주장했습니다.

신자유주의의 위선이 드러날 때가 있습니다. 국가 개입을 최소화해야 한다는 신자유주의의 철칙을 붙들던 국가들이 금융기관의 파산을 막으려 공적 자금을 투입합니다. 공적 자금은 물론 국민의 세금입니다. 그러면 국가 부채가 늘어나고 그것을 메우려 세금이 증가하고 복지비는 삭감됩니다.

2008~2009년 세계 금융 위기는 신자유주의의 결함을 똑똑히 보게 했습니다. 자본의 탐욕으로 세계 경제가 곤두박질쳤습니다. 언론과 학자들은 투기 금융이 좌지우지하는 경제를 '시장과 자본의 독재'로 규정했습니다. 그리고 그 독재는 실패로 드러났습니다. 대안은 무엇일까요? 시장을 무한정 풀어놓기보다 정부가 나서서 적당히 규제하고 또 불평등을 바로잡는 데 신경 쓰는 것입니다.

신자유주의는 우리 사회 여러 문제의 원인으로 비판받았습니다. 기업의 이윤 추구가 강조되면서 공공 부문과 사회보장과 복지가 축소되고, 고용 불안정이 커졌습니다. 규제가 약화되면서 독점과 과점으로 소수의 기업들이 공룡처럼 거대해져 이익을 독점합니다.

이러한 독점자본주의는 소비자의 혜택을 희생해서 소수 기업에 이익을 몰아줍니다. 공공 영역 축소, 사회보장 축소, 정부의 지출 축소, 세금 축소, 규제 축소…. 대부분 기업의 이익에 도움이 되는 조치입니다. 국가를 위해 개인이 있지 않고 개인의 행복을 위해 국가와 집단이 있다는 자유주의 정신을 인정하더라도, 이러한 정책은 개인의 행복이 아닌 기업의 행복을 위한 것처럼 보이기도 합니다.

모든 것을 이익의 관점에서 볼 수 없고 공공의 영역에서 보장해야 할 것들이 있습니다. 그러나 기업들은 민영화 정책을 통해 전기, 수도, 의료, 교육과 같이 공공성이 필요한 분야까지 잠식해서 이익을 내기 위한 목적으로 삼습니다. 기업의 이익은 늘어나지만 서민과 빈곤층은 더 힘들어집니다. 그래서 신자유주의는 강자의 원리로 비판받습니다.

낙수 효과 그리고 불평등과 양극화

신자유주의자들은 낙수 효과를 주장했습니다. 낙수 효과란 대기업이나 고소득층 등 경제를 선도하는 부문이 성장하면 이들의 성과가 연관 부문으로 확산돼 경제 전체가 성장한다는 이론입니다. 피라미드처럼 쌓아 올린 컵의 맨 위를 채우면 아래 컵으로도 흘러내리는 현상에 빗댄 논리입니다. 그러나 신자유주의 정책을 도입한 이후 불평등과 양극화가 심해졌습니다.

경제학자들도 비판에 나섰습니다. 이제 낙수 효과에 대해 말하는 사람은 거의 없습니다. 신자유주의는 경제 성장에 동력이 된 면이 있지만 동시에 경제적 불평등을 낳았습니다. 경제 발전의 혜택은 분명히 있었지만 부유층이 제일 먼저 가장 많이 혜택을 받고 소수의 사람에게 부가 집중되어 경제적 불평등을 낳는다는 게 경제학자들의 비판이었습니다.

규제 완화를 외치는 신자유주의는 환경 문제와도 친하지 않습니다. 기후 위기 문제는 기업의 자발적인 노력만으로는 되지 않고 규제와 통제가 필요합니다. 또 팬데믹 상황에서 세계 경제가 어려움에 빠졌습니다. 각국 정부는 재정 확대로 돈을 풀어서 경기 부양을 시도했습니다. 국민에게 재난 지원금을 주었고 기본소득 논의가 활발했습니다. 정부의 간섭과 규제는 여전히 필요합니다.

이렇듯 지난 100년을 돌아보면 자유시장경제와 국가의 개입이라는 견제와 균형은 시소처럼 오르락내리락 했습니다. 신자유주의냐 정부의 시장 개입이냐 이 문제는 종교적 신앙이나 이념이 아니고 문제를 진단하고 비판하고 대안을 마련하는 문제입니다. 그럼에도 신자유주의를 신봉하듯 하는 사람들은 자유를 극단적으로 해석합니다.

예를 들어 공공 의료보험이 없는 사회에서 가난한 사람이 병이 났는데 치료비가 없으면 어떻게 해야 할까요? 신자유주의 신봉자는 이렇게 답합니다. "스스로 책임져야 한다." 이들은 스스로 선택한 것, 그것을 자유라고 부릅니다. 가난의 책임은 개인에게 있으므로 사회 공동체에 도움을 바라지 말라는 것입니다. 대신에 돈을 더 벌 수 있는 자유가 제한 없이 보장되어야 한다고 주장합니다. 힘 있는 사람들이 자기 권력을 확대하고 부를 축적하고 자기 뜻을 펼칠 자유도 마찬가지라고 합니다. 열심히 했으니까 보상 받는 것이라고요.

앞서 말했듯이 사람들마다 자유에 대한 해석을 달리할 수 있습니다. 하지만 신자유주의 신봉자가 말하는 자유는 전혀 다른 단어처럼 들리기도 합니다. 왕정 시대, 전체주의와 공산 독재 치하에서 자유를 외치며 죽어간 사람들이 말하는 자유와 같은 말이 맞는지 의아할 뿐입니다.

하지만 '하면 된다, 우리도 잘살아보자'고 외치는 산업화 시대는 저문 지 오래입니다. 우리는 무한 경쟁이 답이 아닌 세상으로 향하고 있습니다. 구조적인 가난의 문제를 계속 외면할 수도 없습니다. 양극화는 더 심각해질 전망입니다.

또한 세상을 바꾸는 혁신은 계속됩니다. 고도의 기술과 생산성으로 인간의 노동력은 계속 밀려납니다. 단순히 삽과 포크레인의 경쟁을 넘어서 인공지능과 인간 두뇌가 경쟁하는 시대가 열렸습니다. 돈이 돈을 벌어다 주는 세상, 자본소득의 비중은 더욱 커집니다. '자유'라는 단어만으로는 자연 파괴, 인권, 양극화와 불평등, 소외된 사람들의 문제를 해결할 수 없습니다. 인간다운 삶을 살 자유도 마찬가지입니다. 더욱 커진 거대 자본의 '횡포'와 세계 경제 질서를 어지럽히는 문제는 계속되어 왔습니다.

이제 시민이나 유권자로서 선택해야 할 문제입니다. 앞으로 어떤 세상에서 살고 싶고 우리 후손들에게 물려주고 싶은가의 문제입니다. 미국식 무한 경쟁의 시대가 좋다고 외치는 사람도 있겠고, 자유시장경제의 바탕에 사회보장의 장치를 결합하는 식으로 북유럽과 서유럽식 사회주의 경제를 강화해야 한다는 주장도 있을 수 있습니다.

2022년에 새로 출범한 우리나라 정부는 법인세나 다주택자 종합부동산세, 양도소득세, 상속세, 증여세를 깎아주고 있습니다. 노동자 권리는 축소시키고 있습니다. 정부가 분배에 개입하는 일을 줄이는 노력입니다.

GDP, GNP, HDI

💡 **대한민국은 선진국일까요?**

영국 프리미어리그에서 활약 중인 손흥민 선수가 과연 월드 클래스(세계 최정상급) 선수가 맞는지 아닌지 논란이 있었습니다. 손흥민 선수는 2021~22시즌에 23골 7도움을 기록했고 득점왕으로 선정되었습니다. 영국 언론이 최고의 선수 20명을 꼽는데 포함되기도 했습니다. 프리미어리그의 유명 감독과 선수들, 언론, 축구 관계자, 팬들이 손흥민 선수를 월드 클래스로 치켜세웠습니다. 하지만 겸손과 절제가 몸에 밴 것인지 손흥민 선수의 아버지는 여전히 이렇게 말합니다. "흥민이는 절대 월드 클래스가 아닙니다."

한국의 선진국 논란도 이와 비슷합니다. 한국은 선진국일까요? 다른 국가들은 한국을 이미 선진국으로 인정하지만 많은 한국인은 여전히 다르게 생각합니다. "대한민국은 절대 선진국 아닙니다. 근처까지만 왔다고요." 한두 세대 전 가난의 기억이 아직 강렬한 것인지, 비교 대상이 미국이나 일본같이 손꼽히는 경제 강국이기 때문에 그런지도 모르겠습니다.

그런데 손흥민 선수가 그 모든 기록으로 월드 클래스를 입증하듯 한국이 선진국이 맞는지는 경제, 생산력, 무역에 관한 숫자와 통계로 나타납니다. 세계은행이 뽑은 2022년 국내총생산GDP 순위에서 한국은 1.79조 달러로 10위입니다. 선진국은 기본적으로 경제적 생산성으로 평가됩니다. 우리가 흔히 잘산다고 인정하는 나라들은 좋은 상품과 서비스를 생산하고 그것을 수출하는 나라인 경우가 많습니다.

선진국의 다른 요소들도 있습니다. 소프트 파워soft power라는 말로 요약되는 문화적 역량, 그 나라 개인들의 생활과 소비 수준도 따져볼 수 있습니다. 그렇다면 과연 어떤 나라가 선진국일까요? 한 국가의 역량을 나타내는 여러 가지 지표에 대해 알아보겠습니다.

1988년 서울 올림픽이 열렸을 때 우리나라도 선진국으로 향하는 길목에 들어섰다고 생각했습니다. 그 전까지 올림픽 개최국을 보면 그럴 만도 했지요. 1996년 OECD에 가입하면서 선진국 문턱을 밟았다고 생각했습니다. 하지만 바로 다음 해에 국제통화기금IMF의 구제금융을 받아야 했습니다.

2021년 유엔무역개발회의UNCTAD는 개발도상국 지위로 분류되던 대한민국을 선진국으로 변경했습니다. 사실 경제 규모 10위권만 보면 이미 선진국이지요. 원조를 받던 나라에서 원조를 하는 나라로 바뀐 거의 하나뿐인 역사를 쓰기도 했고요. 경제력만이 아니라 여러 다른 요소를 포함해서 국제사회에서 그렇게 인정을 해야 선진국이 됩니다.

국민총생산Gross National Product, GNP은 그 국가의 거주자가 특정 시기 동안 소유했던 재화와 서비스의 총가치입니다. GNP는 보통 개인의 소비 지출, 국내 민간 투자, 정부 지출, 순수출(그 나라가 수출한 것에서 수입한 것을 뺀 것), 국내 거주자가 해외 투자로 벌어들인 소득의 합계입니다. 외국 거주자가 국내 경제에서 벌어들인 소득은 제외합니다. 한국의 GNP라면 한국 국적을 가진 사람들이 벌어들인 돈만 몽땅 합산한 것입니다.

국내총생산Gross Domestic Product, GDP은 한 국가가 생산한 최종 재화와 서비스의 가치입니다. GDP는 누가 생산수단을 소유했느냐와 관계없이 그 나라의 국경 내에서 생산한 모든 생산물을 총합한 것입니다. 일본인이든 네덜란드인이든 한국 내에서 벌어들였다면 모두 GDP에 포함됩니다.

GNP와 GDP의 차이는 '국민National'과 '국내Domestic'라는 말에 있습니다. 쉽게 말해 GNP는 대한민국의 '국민'이 지구상 어디에서든 벌어들인 소득이 포함됩니다. GDP에는 국민이든 외국인이든 대한민국 '국내'에서 벌어들인 소득이라면 다 포함됩니다.

예를 들어 미국의 구글이 우리나라에 투자해서 얻은 수익은 GNP에 포함되지 않습니다. 우리나라의 삼성이 폴란드에서 얻은 수익은 GNP에 포함됩니다. GNP에서 중요한 것은 국적입니다. 반면에 미국의 구글이 한국에서 번 수익은 GDP에 포함됩니다. GDP에서 중요한 것은 장소입니다. 가령 한국인이 운영하는 공장이 한국과 폴란드 양쪽에 있다면 GNP에는 둘 다 포함되지요. 하지만 GDP에는 한국 공장만 포함되고 폴란드 공장은 제외됩니다.

GDP 순위 - 미국, 중국, 일본, 독일, 영국 …

1980년대 이전까지는 GNP가 경제 활동을 측정하는 지표로 쓰였습니다. 그 이후로는 GDP가 더 흔하게 쓰이기 시작했습니다. 글로벌 경제가 활성화되면서 많은 기업이 자국 국경을 넘어서 활동했기 때문이지요. GNP와 GDP의 차이가 크다면, 이는 무엇을 의미할까요? 그 나라가 국제 무역과 국제 금융, 해외 투자 등에 더 적극적으로 참여한다는 뜻입니다.

세계 GDP 순위(2021년 세계은행 기준)를 보면 전통적인 경제 강국들이 대부분입니다. 미국, 중국, 일본, 독일, 영국, 인도, 프랑스, 이탈리아, 캐나다, 그 다음 순위가 한국이네요. 이쯤 되면 대한민국을 월드 클래스로 인정할 수 있을까요? GDP가 높으려면 상당한 기술력, 생산성, 투자, 소비가 뒷받침되어야 합니다. 인구를 포함해서 나라의 규모가 일정 수준이 되어야 가능하지요.

여기서 중요한 질문이 있습니다. GDP가 높으면 그 나라 국민도 높은 소득과 생활수준을 누리며 살까요? 꼭 그렇지만은 않다는 사실을 GDP 세계 2위인 중국과 5위인 인도가 보여줍니다. 두 나라는 엄청난 노동 인구와 산업 인프라로 세계 정상급 생산성을 보유하고 있지만, 삶의 질이 형편없는 빈농과 극빈층 인구 또한 억 단위입니다. 한마디로 나라는 부자인데 국민 대부분은 가난합니다.

반면에 인구 500만 명의 작은 국가 덴마크는 GDP 30위밖에 있습니다. 하지만 작지만 강한 강소국이자 손꼽히는 복지 천국이지요. 이처럼 GDP는 그 나라 전체의 경제 규모를 보여주지만 개별 국민이 얼마나 잘사는지는 나타내주지 않는 것이 한계입니다.

그래서 나온 것이 국민총소득Gross national income, GNI입니다. 1인당 GNI는 그 나라 국민이 국내와 해외에서 번 총소득을 인구수로 나누어 계산합니다. 여기에는 GDP에 나타나 있지 않은 개인의 평균 소득을 보여줍니다. 그렇지만 평균값의 함정이란 것이 있습니다. 이 평균은 수천만 원을 월급(맞아요. 연봉 아니고 월급)으로 받는 사람부터 월급을 200만 원도 채 못 받는 사람들의 소득을 다 집어넣어 계산한 것입니다. 2021년 우리나라의 1인당 GNI가 4024만 원이라고 하는데, 이 숫자가 와닿지 않는 사람이 많은 것은 그 때문입니다. 요즘같이 양극화가 심해지는 시대에서는 더욱 그렇습니다. 미국, 독일 같은 막강한 경제 부국에서도 기초 의료를 받지 못하거나 끼니를 굶는 아이들이 있습니다.

GNI 역시 국가의 생산성이나 경제력을 파악할 때는 유용하지만 국민의 생활수준이나 발전 정도를 고르게 측정하는 데에는 한계가 있습니다. 또 생산기반에 필요한 인적 자본, 환경, 천연자원의 역할이나 수입의 분배와 불평등을 반영하지도 못합니다. 한마디로 "그 나라 국민들이 정말로 행복하게 살아가고 있는가?"에 대한 답이 되지 못합니다.

💡 HDI 순위 – 노르웨이, 스웨덴, 덴마크 vs 미국 17위, 중국 85위

이에 대한 대안으로서 1990년대부터 유엔개발계획UNDP은 '인간 개발 지수Human Development Index, HDI'를 도입하여 사용하기 시작했습니다. HDI는 그 나라의 경제적 생산력을 나타내는 GDP 요소뿐 아니라 기대 수명, 유아 사망률, 문맹률, 학교 등록률, 대학 졸업자 수, 의료보건 등 국가의 사회 경제적 수준을 측정하기 위한 기준들을 측정합니다. GDP가 경제 규모와 발전에 집중한다면, HDI는 인간의 삶의 조건에 관심을 기울입니다. 그 나라 국민들이 얼마나 오래 건강하게 사는지, 제대로 교육은 받는지, 소득 분배의 격차가 크지 않고 일정한 생활수준을 유지하는지 보여주어서 실제적인 삶의 질을 파악할 수 있지요.

HDI 상위권에는 노르웨이, 스웨덴, 덴마크, 스위스, 네덜란드, 아이슬란드 같은 북유럽의 복지국가들이 줄줄이 들어와 있습니다. 미국은 17위, 중국은 저 멀리 85위, 일본 19위, 인도는 훨씬 멀리 가서 131위에 머물러 있습니다. 독일은 6

노르웨이, 스웨덴, 덴마크 등 북유럽의 복지 국가들은
HDI 상위권에 속합니다. 사진은 노르웨이.

위로서 나라도 잘살고 개인 삶의 질도 높다고 할 수 있습니다.
참고로 한국은 일본보다 몇 계단 뒤인 23위입니다.

이처럼 사람들의 전반적인 복지와 행복을 측정하기 위한
지표로서 HDI는 GDP를 보완한다고 볼 수 있습니다. HDI는
높은 GDP가 반드시 높은 삶의 질에 연결되지는 않는다는 사
실을 보여줍니다. 반드시 그런 것은 아니라고 했지만 GDP와
HDI 는 여전히 밀접한 상관관계에 있습니다. 부유한 국가들
이 HDI 통계에서도 상위권을 차지하는 것을 보면 알 수 있습
니다. 경제적 부의 뒷받침 없이 보건, 교육, 인간의 생활 요건

이 충족되기 어렵기 때문이지요. 결국은 GDP로 표현되는 국가 경제와 기업이 성장해야 일자리도 늘고 공공지출도 늘려서 HDI도 개선된다고 말할 수 있습니다. 어떤 학자들은 이것을 HDI 의 한계로 지적하기도 합니다.

위에서 설명한 지표들은 나라의 경제 규모, 부의 정도, 생활수준을 잘 보여줍니다. 하지만 다시 선진국의 조건으로 돌아와서, 물질적인 부가 선진국을 상징하는 모든 것은 아닙니다. 선진국이라면 보통 다른 나라가 따르고 싶은 표준, 규범, 비물질적 가치, 문화적 역량을 보여주고 선도하는 힘을 지니고 있습니다. 이어지는 다음 장에서 알아볼 주제입니다.

5

소프트 파워

 소프트 파워의 위력

　엄마에게 선물할 구두를 고른다고 가정해 보겠습니다. 박스 포장이 되어 있어 내용물을 확인할 수 없습니다. 선택 기준은 오로지 원산지. 하나는 이탈리아제, 다른 하나는 방글라데시제입니다. 주머니 사정을 크게 생각하지 않는다면 어떤 것을 선택할지 분명합니다. 이번엔 아빠에게 선물할 전기톱을 (아빠가 목수라고 칩시다) 삽니다. 하나는 독일제, 다른 하나는 중국제입니다. 어느 것을 고르겠습니까?

　어떤 상품을 고르거나 대상의 가치를 평가할 때 우리는

엄청난 선입견과 편견에 사로잡힙니다. 원산지나 제조사를 포함하고 있는 브랜드에 근거한 선입견입니다. 전혀 터무니없는 선입견은 아닙니다. 세련된 패션의 명가 이탈리아, 정밀하고 튼튼한 기계를 만드는 독일의 이미지는 소비자들의 경험을 통해 오랫동안 쌓여왔습니다. 이러한 이미지는 너무 강력해서 어떤 나라의 이름을 듣는 순간 대상에 대한 판단이 바로 끝나기도 합니다. 물건을 살 때마다 바닥을 뒤집어 원산지를 확인한다면 여러분은 이미 소프트 파워의 위력을 경험하고 있는 것입니다.

소프트 파워는 미국의 조지프 나이 교수가 1990년 처음 제시한 개념입니다. 우선 권력power의 일반적인 정의는 다른 사람에게 영향을 미쳐서 내가 원하는 결과를 얻는 것입니다. 연성 권력, 즉 부드러운 권력으로 번역되는 소프트 파워는 강제가 아니라 매력, 설득을 통해 상대가 자발적으로 내가 원하는 행동을 하도록 하는 것입니다. 이와 대비해서 강제로 상대방을 순응하게 하는 것은 하드 파워입니다.

이 두 가지 권력 유형을 인간관계에 비유해볼까요. 옛날 1980~1990년대 중고등학교에서는 체벌이 일상적이었습니다. 당시 선생님들을 단순화하면 이렇게 나눌 수 있습니다. 매일 때리는 선생님, 절대 안 때리는 선생님, 언제 때릴지 알 수 없는 선생님. 체벌을 잘하는 선생님들은 당구 큐대에 검정색 테이프를 돌돌 말아 몸의 일부처럼 가지고 다녔습니다.

당시에 선생님들은 주로 정해진 몽둥이를 쓰지만 감정 조절에 실패하면 출석부나 교실 뒤의 대걸레 자루를 사용해서 아이들을 무자비하게 다스렸습니다(하드 파워). 반면에 아이들을 털끝 하나 건드리지 않으면서도 핵심을 짚는 수업과 지루할 만하면 곁길로 새는 재미난 이야기, 그리고 존경할 만한 인품으로 학생들을 사로잡는 선생님도 있었습니다(소프트 파워). 수업 내용도 좋고 성품도 시원시원해서 학생들과 공감이 잘 되지만 학생들이 통제 불능일 때면 자신이 사실은 특공무술 유단자에 공수특전단 출신이었음을 굳이 밝히며 분위기를 엄숙하게 바로잡는 선생님도 종종 있었지요(하드 파워+소프트 파워 혼합형).

여러분이 커서 회사원이 된다면, 권위적이고 압제적인 직장 상사로 압박과 강제로 부하 직원을 부릴 수도 있지만(하드 파워), 부하 직원이 상사의 실력과 인품에 매료되고 가치에 공감해서 스스로 열심히 일하도록 격려할 수도 있습니다(소프트 파워). 역시 하드 파워와 소프트 파워의 중간 어디쯤에 있는 상사도 있습니다.

이를 국제 관계에 대입해서 쓰기도 합니다. 하드 파워는 군사력, 자금, 자원 등을 의미합니다. 하드 파워를 지닌 강대국은 약소국에 군대를 파견하거나 자금줄을 옥죄어 굴복시킵니다. 예전 소련 시절에 동유럽 공산국가들이 소련의 말을 거역하거나 민주화를 추진하면 소련은 어김없이 탱크부대를 보냈습니다.

미국 역시 중남미 지역에 미국을 반대하는 지도자나 사회주의 정권이 들어서면 반군에 무기를 지원하거나 특수부대를 보내 정부를 쓰러뜨리려 시도했습니다. 로마, 그리스, 페르시아, 19세기 대영제국 등 어떤 제국도 상상할 수 없는 일이었습니다. 이미 제2차 세계대전 시절 미국은 유럽 전선, 북아프리카, 태평양 전선에서 동시에 싸웠습니다. 미국은 60개국에 800개가 넘는 해외 기지를 보유하고 있습니다. 전 세계를 5개 전투사령부로 나누고 전투가 가능한 나라입니다.

💡 소프트 파워의 역량

소프트 파워는 그 나라의 문화, 예술, 언어, 학문, 기업, 상업적 생산물, 외교 정책, 정치 목표, 교육, 가치관 등과 같은 역량입니다. 누가 강요해서가 아니라 자발적으로 선택해서 누리고 공감하고 친근감과 연대감을 느끼게 하는 요소들입니다. 기업 자율성과 외국 유학 선호, 자유 인권 민중 등이 포함됩니다.

냉전이 끝나가던 1990년 미국의 조지프 나이 교수는 하드 파워의 한계점을 지적하고 소프트 파워를 강화해야 한다고 주장했습니다. 당시까지 국제 관계에서 중요한 것은 군사력, 자원, 경제력 같은 하드 파워였습니다. 양대 패권 국가인 미국과 소련은 군사적 개입이나 경제원조로서 다른 나라의 정치에 개입하거나 영향을 끼쳤습니다. 이 과정에서 엄청난 자원과 노력이 소요되고 갈등과 저항을 겪기도 했습니다. 반면에 소프트 파워는 무리한 강제력을 쓰지 않고도 자국에 대한 매력과 호감도를 높이고 상대 나라가 자국이 원하는 목표와 지향점에 따르게 합니다.

사실 하드 파워와 소프트 파워는 완전히 따로 움직이지는 않습니다. 역사적으로 군사와 경제력이 최고치에 달했던 나라들은 그 문화적 영향력 또한 대단했습니다. 미국은 전 세계 GDP의 4분의 1을 차지하는 세계 1위 경제 대국이면서 기축통화인 달러를 찍어내는 국가입니다. 한국 네티즌들이 미국을 '천조국'이라고 부르는데, 연간 국방 예산으로 1000조 원을 쓴다고 해서 붙은 별명입니다. 핵탄두, ICBM, 핵잠수함, 항공모함, 전투기 같은 미국의 군사 자산 목록은 지나치게 압도적이라 다른 나라와 비교 불가입니다.

동시에 미국 문화는 여전히 세계를 지배합니다. 세계를 휩쓴 미국 브랜드가 예전에는 맥도날드, 코카콜라로 대표되는 소비재 상품이었다면 지금은 애플, 구글, 아마존, 마이크로소프트, 페이스북 등의 IT 상품이나 서비스입니다. 미국은 또 우수한 대학, 최고 수준의 과학기술, 지식 문화를 보유하고 있습니다.

미국이 얼마나 강력한지에 대해 핵탄두가 5400개쯤 있다든지 GDP가 2경 5000억 원이 넘는다든지 등으로 설명할 수 있습니다. 하지만 소프트 파워는 숫자로 계량화하기 어렵습니다. 국제사회에 어떻게 인식되느냐의 문제이기 때문입니다. 보다 정확히 말해 소프트 파워는 '얼마나 매력적으로 인식되는지'의 문제입니다.

얼마 전 조지프 나이 교수가 한국의 소프트 파워에 대해 언급한 적이 있습니다. 그는 "BTS나 한식 같은 문화 콘텐츠와 가치 정책적 면에서도 매력적인 국가로 세계에 인식되고 있다"고 말했습니다. 소프트 파워 개념을 창시한 학자가 BTS를 언급했다니 인기가 대단하긴 한 것 같습니다.

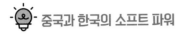

요즘 소프트 파워와 관련해 눈여겨볼 나라는 중국입니다. 세계 제2의 경제 대국인 중국의 야심은 큽니다. 미국에 대항해 중국 중심의 세계 질서를 재편하고자 하는 큰 그림을 그리기 시작했습니다. 중국은 미국, 유럽 같은 전통적인 원조 국가를 압도하는 수준으로 해외 원조액을 늘리며 국제적인 영향력을 키우고 있습니다. 특히 아프리카에서 최대 무역 파트너로 급부상해서 국제 정치적 영향력도 높습니다.

중국 정부는 이러한 경제적 위상에 맞는 소프트 파워의 발전이 필요하다는 것을 잘 알고 이를 위한 정책을 추진해왔습니다. 2004년 이후 중국 정부는 140개국에서 500개 이상의 공자 학원을 운영해오고 있습니다. 공자 학원에서는 중국어와 중국 문화에 관한 수업을 제공합니다. 중국 문화부는 CCC(중국 문화센터)를 전 세계 주요 수도에 설치했습니다.

그럼에도 중국이 과연 다른 나라들이 자발적으로 따르고 싶은 매력을 지니고 있는지에 대해서는 의문이 남습니다. 중국은 공산당 1당 독재가 지배하는 사회입니다. 자유시장경제를 채택한 나라이면서도 표현의 자유는 억압되어 있지요. 중국 정부는 구글, 유튜브, 페이스북을 차단한 것으로 악명 높습니다. 예술 활동이나 개인적인 의사를 표현할 때 중국 공산당의 이념에서 벗어나거나 중국의 정책에 부정적인 태도를 드러내면 검열 대상입니다. 중국 정부나 지도자에 대한 비판은 불이익과 처벌로 이어집니다. 언론의 검열과 통제는 일상적이고요. 2020년 기준 '세계 언론 자유 지수'에서 중국은 177위로 무려 북한(180위)과 비슷한 수준입니다.

물론 중국은 고대 주요 문명의 발상지이고 지난 수천 년 동안 찬란한 문화를 뽐내며 우리나라뿐 아니라 동아시아에 큰 영향을 끼친 나라입니다. 중국의 문화적 저력을 무시할 수 없습니다. 그럼에도 중국의 소프트 파워에 물음표가 붙는 이유는 무엇일까요? 자유, 자발성, 창의성, 가치, 매력의 토대가 되어야 할 표현의 자유가 제한된 중국의 현실 때문입니다.

가난한 중국 농민을 묘사한 영화 〈인루천옌〉이 많은 이에게 감동을 주었습니다. 이 영화는 지독한 가난, 지참금으로 여성을 사오는 관습, 개발로 인한 집 철거 같은 현실을 담고 있습니다. 그런데 중국 당국이 상영을 금지했습니다. 중국 농촌의 빈곤과 사회 문제를 드러내어 중국 지도자 시진핑 주석의 빈곤 퇴치 업적을 가린다는 이유였지요. 대신에 위대한 중국을 찬양하는 애국주의 '국뽕' 영화가 상영관을 휩쓸었습니다.

이전의 중국은 뛰어난 영화감독과 배우들을 배출했고 여

러 명작들을 낸 나라입니다. 하지만 예술에 정부의 간섭이 미치고 중화사상이 주입되는 순간 졸작이 되어버리는 현실. 이런 식이라면 중국 영화의 미래가 있을까요? 아카데미 수상작인 봉준호 감독의 〈기생충〉 같은 영화가 중국에서 나왔다면 양극화와 치부를 드러냈다고 상영이 바로 중단될 판입니다.

젊은 세대들은 비판적 시각과 창의성으로 사회 혁신을 이끌어야 합니다. 지금 중국 정부는 표현과 예술의 자유를 제한하는 사회 통제 분위기에서 맹목적인 국가주의, 극단적인 애국주의에 몰두합니다. 중국의 매력을 반감시키는 요소지요.

중국이 진정으로 소프트 파워를 키우고 싶다면 전 세계에 공자 학원을 100만 개 설립한다고 될 일이 아닙니다. 국가가 무엇을 하기보다 역설적으로 아무것도 하지 않아야 합니다. 표현의 자유를 풀고 예술가들의 일에 간섭하지 않으면 그것으로 충분합니다. 중국의 소프트 파워는 중국 공산당의 통제와 관리가 아니라 마음껏 표현하도록 풀어놓은 중국의 자유로운 영혼들에게 달려 있습니다.

다양한 산업 분야에서 세계적인 경쟁력을 두루 갖춘 나라를 찾기는 매우 드문 일입니다. 한국은 자동차, 조선, 철강, 정유, 석유화학, 반도체, 디스플레이, 스마트폰, 가전, 정보통신, 바이오 분야, 의료 체계, 뷰티산업에서 세계적인 경쟁력을 갖추고 있습니다. 또한 게임, 영화, 드라마, K-팝 등 문화 부분에서도 세계를 선도하는 문화를 보유하고 있지요.

소프트 파워는 국가 산업, 기업의 능력, 유구한 문화 전통 등 저력에서 나옵니다. 하지만 동시에 우리 각 개인이 해외에 나가서 보이는 모습이기도 합니다. 5000만 명을 다 만나볼 수 없으니 내가 유일하게 만난 한국인이 한국인의 대표 상으로 자리 잡습니다. 하필이면 만난 사람이 비열한 한국인일 수도, 다정한 한국인일 수도 있습니다.

소프트 파워 랭킹에서 우리나라는 20위권에 머물러 있습니다. 학구열이 높은 나라에 살다 보니 순위에 집착하는 경향이 바람직하지 않지만, 우리나라의 경제적 위상에 비해 못 미친다고 생각할 수 있습니다. 20위권 내에 산업화된 지 100년 넘은 전통적인 선진국들이 즐비한 것을 생각하면 더욱 그렇습니다.

다른 외국인이 우리를 어떻게 볼까 의식합니다. 외국 영화에 비친 한국, 한국 문화는 얼마나 인정받을까요? 그런 궁금증을 직접 보여주는 TV 프로들도 많이 있습니다. 우리나라의 역사, 전통, 문화, 예술, 가치를 알리고 국가 이미지와 브랜드를 높이는 노력이 필요한 시대입니다.

G의 역사 : G7, G8, G20, G2

 미국-소련 냉전 시대 이후 미국 1강 체제

역사에서 영원한 최강자는 없습니다. 이집트, 아시리아, 페르시아, 로마, 그리스, 몽골, 명나라 여러 강대국이 있었지만 모두 역사 저편으로 사라졌습니다. 근대 이후로도 영국, 스페인, 네덜란드, 오스트리아(합스부르크 왕가), 오토만 제국이 등장했지만 역시 시간이 흐르자 최강대국의 지위를 잃었지요.

20세기의 강대국들은 어느 나라일까요? 세계대전의 주요 참전 국가들을 들 수 있습니다. 우선 제1차 세계대전 이후부터 제2차 세계대전 이전(1919~1939)까지의 강대국으로 미국, 영국, 프랑스, 소련, 독일, 이탈리아, 일본 등을 꼽을 수 있습니다. 제1차 세계대전에서 싸운 강대국들 대부분은 제2차 세계대전에서도 맞붙었습니다. 특히 미군은 유럽, 북아프리카, 태평양 전선에서 동시에 싸웠는데, 역사상 어느 제국도 하지 못한 일이었습니다.

제2차 세계대전을 승전으로 이끈 강대국들은 자기들끼리 모여 뚝딱뚝딱 국제 질서를 재편성했습니다. '독일이 다시는 전쟁을 못 일으키게 둘로 갈라놓자' '일본을 굴복시키고 한반도를 독립시키자' 그리고 다시, '한반도를 나누어 신탁통치하자' 등등.

1945년 제2차 세계대전이 끝난 후 미국과 소련의 양대 세력을 중심으로 냉전이 시작되었습니다. 미국은 누구도 따라올 수 없는 경제 강국이자 압도적인 군사력과 핵무기를 가진 최대 강국이 되었습니다. 소련 역시 산업 강국이자 미국에 맞설 수 있는 군사 대국이자 핵 강국으로 성장했습니다. 2강 체제에서 세계는 각각 미국과 소련을 축으로 한 자유세계와 공산권으로 나뉘었습니다. 두 슈퍼 파워의 대결은 숨 막힐 정도로 치열했습니다. 둘의 충돌이 심각하게 치달을 때마다 인류는 제3차 세계대전이나 공포를 느낄 정도였습니다.

1990년 소련이 무너지면서 미국 1강 체제가 됩니다. 미국은 40년 가까이 이어지던 체제 경쟁에서 소련을 따돌리고 절대 강자 자리에 섰습니다. 물론 소련을 이어받은 러시아가 예전만큼은 아니어도 여전히 미국을 견제하는 역할을 했지만요.

미-소 경쟁 체제가 이어지는 가운데 다른 강대국들의 존재도 드러나기 시작했습니다. 1973년 오일 쇼크로 세계 경제가 휘청거리자 미국, 영국, 프랑스, 서독, 일본이 G5를 구성했습니다. G는 그룹Group의 첫 글자인데, 당시 의심의 여지없는 최고 선진국의 모임이었습니다. 원유 가격이 치솟아 경제가 엉망이니 함께 대책을 마련하고 세계 경제의 방향을 정해보자는 것이었지요. 경제적 논의가 중심이 되었지만 차차 정치와 외교도 다루었습니다.

이후 여기에 이탈리아와 캐나다가 들어가 G7이 되었다가 1997년 러시아를 포함해 G8이 되었습니다. 그렇지만 2014년 러시아가 우크라이나 크림반도를 무력으로 합병하는 사건이 벌어졌습니다. G8은 침략국인 러시아를 쫓아내기로 결정했고, 러시아도 미련 없이 나갔습니다.

그런데 1990년대 중반부터 이 모임에 대한 불만이 나왔습니다. 전 세계에 영향을 미칠 문제를 아무리 선진국이라지만 고작 7~8개 나라가 논의한다는 게 말이 되느냐는 것이었지요. 게다가 시대가 바뀌었는데 1970년대에 편성한 강대국

그룹이 계속 유효한가에 대한 의문도 있었습니다.

이에 더해 냉전 이후 미국 주도의 1극 체제는 금세 한계를 드러냈습니다. 미국 일방주의의 한계로 다자주의가 대안으로 나왔습니다. 국제사회에는 유엔, 국제기구, 비정부기구(NGO) 단체 등 여러 행위자들이 있습니다. 서로 국제 공조를 해야 합니다. 특히 기후 변화, 핵, 발전 문제는 한두 나라만으로 해결하는 것이 불가능합니다. 모두 머리를 맞대고 합의해서 함께 해결해야 할 수 있지요.

브릭스BRICS라고 불리는 브라질, 러시아, 인도, 중국, 남아프리카공화국 같은 신흥 강국들도 등장했습니다. 또 10위권 경제 강국으로 부상한 한국을 비롯해 호주, 인도네시아, 튀르키예, 멕시코 등의 목소리도 커지기 시작했습니다. 이렇게 해서 1999년 주요 20개국G20 회의가 시작되었습니다.

💡 세계 경제의 90퍼센트를 차지한 G20

G20은 G7과 신흥 시장국(유럽연합 의장국과 한국 등 12개국)들이 참여한 모임입니다. 이 정도면 세계 경제와 정치의 대표 선수들이라고 말할 수 있습니다. 이 20개국이 세계 경제의 90퍼센트 가까이를 책임집니다. 이들 나라가 합의하면 세

계의 방향, 규칙, 목적을 상당 부분 바꿀 수 있습니다. 2008년 세계 경제 위기가 터졌을 때 G20 정상회의가 열렸습니다. '경제가 힘들다고 보호무역을 하면 다 같이 망하니까 서로 자제합시다.' 이렇게 합의하는 식으로 질서를 만들어 나갑니다.

한편 G7을 G10으로 확대하자는 논의가 나오고 있습니다. G20은 개발도상국을 포함한 주요 강국의 회의이지만 G7은 선진국 모임입니다. 여기에 한국을 포함한 3개국을 더 추가하자는 구상입니다. IMF는 G7 국가에 한국과 호주를 더해 선진국으로 분류합니다. 우리나라는 이미 2021년 호주, 인도, 남아프리카공화국과 함께 G7 정상회의에 초청되기도 했습니다. 그만큼 국제사회에서 우리나라의 위상이 올라간 것이지요.

다극화 체제가 된 세계에서 미국의 일방적인 독주에 대한 반발이 있었습니다. 미국 역시 세계의 경찰 역할을 하며 여기저기 안 끼는 데가 없다 보니 피로가 누적되었습니다. 그럼에도 미국은 여전히 경제력과 군사력에서 우월한 지위를 유지하고 있습니다. 유엔, IMF, 세계은행에서의 리더십도 그렇습니다.

이러한 미국에 강력하게 도전하는 나라가 중국입니다. 다극화 시대라고는 하지만 실제 세계는 압도적인 힘의 미국과 그에 도전하는 중국의 G2 시대라고 할 수 있습니다. 2010년 일본을 제치고 세계 2위 경제 대국이 된 중국은 이제 미국을 추월할 일만 남았습니다. 중국은 HP, IBM 같은 미국 기업을 사들이고 국제 에너지, 자원 분야의 큰손이 되었습니다.

경제뿐 아니라 국제 정치와 군사에서도 미국과 대등해지 거나 더 나아가 세계 패권을 쥐려고 합니다. 우리가 중국산 제품을 무시한다면 그것은 우리가 값싼 소비재나 사다가 쓰지 중국산 탄도미사일이나 인공위성, 초음속 발사체 같은 것을 주문할 일이 없기 때문일지 모릅니다. 중국이 작정하고 만들면 항공모함, 스텔스기, 양자컴퓨터, 유인 우주선까지 하지 못하는 분야가 없습니다.

중국을 위협으로 느끼던 미국은 2018년 중국 상품에 15~25퍼센트를 넘나드는 관세를 부과합니다. 받은 만큼 돌려주는 것이 외교입니다. 중국도 맞대응에 나섰지요. 미국이 중국 통신장비의 관세를 높이면 중국도 미국 자동차나 돼지 고기에 관세를 높이는 식이었습니다. 미국과 중국이라는 경제 양대 거인의 무역 전쟁이 벌어졌습니다.

경제 전쟁뿐만이 아닙니다. 미국은 이미 오래전부터 중국의 인권 문제를 비판하고 제재를 가하고 있습니다. 특히 중국의 신장 위구르 자치구에서 벌어지는 인권 탄압은 미국의 단골 주제입니다. 대만을 놓고도 미국과 중국은 사사건건 충돌

합니다. 중국이 대만 근처에 전투기를 띄우면 미국은 항공모함을 보냅니다. 중국은 '하나의 중국'이 원칙이라고 주장하며 대만을 흡수하려고 하고, 미국은 그런 중국에 대만을 무력으로 침공하면 가만있지 않겠다고 엄포를 놓습니다.

중국은 대국굴기 정책 이후 아프리카와 서남아시아 국가들의 중국 의존도를 높이고 있습니다. 특히 개발원조 분야에서 중국 위상이 매우 높습니다. 그런데 중국의 보편적 가치와 제도가 세계를 주도한다면 어떨까요? 여기에 동의하는 사람은 중국인 말고는 많지 않습니다. 기본적으로 공산당 1당 독재인 중국은 민주주의가 결핍되어 있습니다. 권위주의 사회를 중국식 민주주의라고 표방합니다.

미국과 중국의 신냉전 시대

미국과 중국이 첨예하게 대립하는 지금을 흔히 신냉전 시대라고 부릅니다. 중국의 패권 장악을 막는 미국은 중국이 미국의 경제, 가치, 안보에 위협이 된다고 생각합니다. 물론 미국은 중국이 아니라 미국의 자리를 넘보는 그 어떤 나라도 견제하고 비슷하게 말하겠지만 중국의 경우는 특별합니다. 공산당이 통치하는 국가이고 러시아와도 가깝습니다. 대만해협을 두고 수시로 긴장이 벌어집니다. 신장 위구르 인권 문제는 끝이 없습니다. 미국과 미국 주도의 집단 안보 체제인 나토와 러시아의 대립도 끝이 없습니다.

G2의 패권 경쟁 사이에 한반도가 있습니다. 중국은 우리나라의 최대 수출국으로, 수출액의 25퍼센트를 차지합니다. 미국은 한미 동맹을 통해 긴밀하게 연결되어 있습니다. 즉, 중국과 교역을 해서 돈을 벌고 미국과 군사 동맹을 해서 안보를 지키는 입장입니다. 하지만 늘 뜻대로 되지 않습니다. 미국은 인도-태평양 지역에서 중국을 압박하는 외교, 군사적 구상에 우리나라를 끌어들이려 하고, 중국은 한미 동맹이 조금이라도 중국을 겨냥한다 싶으면 바로 경제 보복에 나섭니다.

미국은 중국을 배제하고 미국 중심으로 반도체 공급망을 새로 재편하려고 합니다. 반도체 시장의 세계 최강자인 한국, 미국, 대만이 힘을 모으자고 주장합니다. 우리나라 반도체 업체가 중국에 판매하고 투자하는 것까지 간섭하려고 합니다. 미국과 중국의 패권 경쟁은 당사국끼리 문제인데 우리나라가 낀 모양새이지요.

미국이야 자국 이익을 위해 그렇게 하는 것이고, 우리나라도 우리 기업의 시장 이익과 국가의 전략적인 이익을 위해 움직여야 합니다. 지금은 1980년대가 아니기 때문에 국가들을 움직이는 동기에는 이익이 있지 이념 같은 것은 없습니다. 이런 상황에서 친미냐, 친중이냐 따지는 것은 시대에 뒤떨어 집니다. 체제 경쟁과 이념 논쟁이 한창이던 1983년에 냉동되 었다가 2023년에 깨어난 사람이나 할 수 있는 질문입니다.

강대국들이 세력 갈등과 충돌을 빚는 것은 이미 수천 년 동안 계속된 일입니다. 우리가 그 사이에서 누구 편인지 선택 을 강요당할 필요는 없습니다. 이것이냐, 저것이냐의 선택이 아닙니다. 강대국이 그러하듯 우리도 우리의 국익을 따라 움 직여야 하는 것이지요. 미국과의 동맹도 소중하고 중국과의 경제 협력도 중요합니다.

우리는 어차피 강대국들에 끼인 입장입니다. 우리 땅을 들어내 옮길 수 없다면 우리는 지금의 지정학적인 조건에서 나라의 이익을 최대로 얻는 외교를 펼쳐야 합니다. 물론 100 년 전이나 지금이나 한국이 끼인 입장이라고 해도 그때와 지 금의 국력은 다릅니다. 우리에게 강대국의 협조가 필요하듯 강대국도 우리의 도움이 필요합니다.

우리나라는 전통적인 강대국들 사이에서 세력 갈등의 완 충 작용을 하고 중재자의 역할을 할 수 있습니다. 지금은 강대 국들도 한국이 자기편이 됐으면 합니다. 이제 위상이 바뀐 한 국은 강대국 장기판에서 잡아먹히는 졸卒 신세가 아닙니다.

이러한 상황을 지혜롭게 이용해야 합니다.

세계적인 투자은행 골드만삭스는 2050년 한국이 세계 2위 부국이 될 것이라고 전망했습니다. 물론 여기에는 엄청난 전제가 있습니다. 바로 통일 한국입니다. 반쪽으로도 이렇게 막강한 저력을 보여주는 나라가 하나로 합친다면? G3나 G4 같은 것을 새로 만들어야 할지도 모르겠습니다. 세계 2위 부국을 시켜준다면 굳이 마다할 이유는 없겠지요. 하지만 부자 나라가 되는 것보다 더 바라는 건 우리 각자가 행복하게 사는 나라가 되는 것입니다. 장밋빛 전망만 있는 것은 아닙니다. 우리나라 인구가 쪼그라들어 경제 규모가 축소되고 10위권 밖으로 밀려난다는 전망도 있습니다.

떠오르는 나라는 또 있습니다. 인도의 국내총생산GDP은 영국을 앞지르는 중입니다. 식민지였던 국가가 식민지 모국이자 당시 최대 제국이었던 영국의 GDP를 넘어선다는 데 역사적 의미를 부여할 수 있습니다. 인도가 결국 2020년대 말에는 일본을 제치고 세계 3위 경제 대국으로 부상할 것이라는 전망도 있습니다.

생물 다양성

생물 다양성 상실

오늘날 환경 생태 문제에서 세계가 주목하는 최대 관심사는 기후 변화와 생물 다양성 상실입니다. 기후 변화는 녹아내리는 만년설과 빙하, 해수면 상승으로 사라지는 섬들, 빈번해진 산불, 변덕스런 날씨로 우리가 직접 보고 느낄 수 있습니다. 과학 이론을 설명하지 않아도 기후 변화의 심각성은 바로 알아들을 수 있습니다. 이와 달리 생물 다양성 손실이 얼마나 심각한지는 체감하기 어렵지요. 바닷속, 숲과 골짜기, 들판에서 누가 얼마나 죽어 나가는지 알 수 없기 때문입니다.

과학자들은 생물 다양성 파괴가 인류에게 어떤 파멸을 불러올지 한목소리로 경고합니다. "집에 가는 길에 한번 곰곰이 생각해보세요"라고 여유 있게 권고하는 게 아니라 "이러다 다 죽어"라고 외치고 있어요. 생물 다양성 손실은 100년 전에 비하면 1000배나 빠른 속도로 진행 중입니다. 특히 지난 50년 동안 가속화되었고요. 2020년 세계자연기금WWF의 보고서는 1970년대 이후 포유류, 새, 물고기, 파충류, 양서류 개체 수가 68퍼센트나 줄었고, 동식물과 곤충을 포함한 100만 종이 멸종 위기에 처해 있다고 발표했습니다.

동식물의 다양함은 그 자체로 지구 생태계의 건강, 인류의 건강한 환경을 지켜줍니다. 우리의 삶에 필요한 모든 것은 어디에서 올까요? 마트가 준다고 생각할지 모릅니다. 하지만 마트의 상품들도 결국 자연의 산물을 가공한 것뿐입니다. 우리가 누리는 의식주 중에 자연이 주지 않은 것을 한 가지라도 대기 어렵습니다. 우리는 다양한 동식물로부터 물, 공기, 식량, 의약품, 에너지, 유전자 자원을 얻습니다. 모두 우리 생존에 직결된 것들입니다. 자연에서 얻는 혜택이 얼마나 헤아릴 수 없이 많은지 생각해보세요. 자연은 우리 삶을 지탱하고 있는 모든 것이라고 보면 됩니다.

세계자연보전연맹IUCN은 생태계가 주는 혜택들이 상품,

서비스라 치면 연간 33조 달러(우리 돈 4400조 원)의 가치를 지닌다고 말합니다. 사실 그 이상이라 해도 놀랍지 않습니다. 공짜로 주면 당연한 것으로 여기고 귀한 줄 모른다지만 생태계 서비스가 우리의 문명, 생활, 나아가 생존 자체를 지탱해주는 토대임을 생각해보는 건 어렵지 않습니다.

생물 다양성이 워낙 대규모로 급속하게 상실되다 보니 어떤 이들은 지금이 지구 역사상 여섯 번째 대멸종의 시대라고 말하기도 합니다. 첫 번째부터 다섯 번째까지 대멸종이 일어난 원인은 화산 폭발, 빙하기, 운석 충돌 같은 자연 재난이었습니다. 하지만 이번에 찾아온 급격한 멸종의 원인은 순전히 인간 활동에 있습니다.

산업화 이후 세계 인구는 급격히 늘어났습니다. 1920년대 세계 인구를 20억 명 정도로 추산합니다. 100년이 지난 2022년 현재 80억 명 돌파를 코앞에 두고 있습니다. 인구가 네 배 늘면 그만큼 환경 파괴도 심각하게 진행됩니다. 80억 명이 먹고 쓸 것을 생산하고 소비하고 버리고 이동하는 과정을 상상해보면 대충 그림이 그려집니다.

인구가 늘면 거주지를 늘리기 위해 도시화가 진행됩니다. 오늘날은 세계 인구의 50퍼센트 이상이 도시에 거주합니다. 의식주에 필요한 원자재 수요가 늘어나는 건 당연합니다. 목재를 얻거나 식량 생산을 늘리기 위해 숲을 밀고 경작지를 확대합니다. 인류의 단백질원인 소, 돼지, 닭도 같이 늘어납니다. 목축지를 넓히기 위해 숲을 태웁니다. 인류와 동물이 먹을 곡물의 생산을 늘리기 위해 경작지가 더 확대됩니다. 이런 식으로 야생동물은 서식지를 빼앗기고 갈 곳을 잃게 됩니다.

늘어나는 인구를 위한 대량 생산과 대량 소비 과정에서 쓰레기와 각종 공해가 생겨납니다. 썩지 않는 플라스틱 쓰레기가 산을 이루고, 대기오염은 하늘의 색을 바꿔놓을 정도입니다. 2050년에는 바다에 물고기보다 쓰레기가 더 많을 것이라는 예상은 잘 알려져 있지요.

생물 다양성을 파괴하는 기후 변화

기후 변화는 생물 다양성을 파괴하는 주요 원인 중 하나로 지목됩니다. 우리는 기후 조건에 따라 서식하는 동식물의 종류가 얼마나 다채롭게 바뀌는지 알고 있습니다. 그 이야기는 곧 기후 조건이 조금만 달라져도 어떤 동식물에겐 그곳이 살 만한 땅이 못 된다는 뜻입니다. 기후 변화는 곤충, 포유류, 식물, 조류의 서식지가 상실됨을 의미합니다. 기온에 민감한 야생동물들은 1~2도의 기온 변화에도 생존하지 못하고 멸종

합니다.

　야생동물을 보호하는 국제 환경단체인 세계자연기금WWF
은 멸종 위기종을 모니터링해서 그 개체수를 꼽습니다. 예를
들면 이렇습니다. 자바 코뿔소 75마리, 아무르 표범 100마리,
수마트라 호랑이 600마리, 마운틴 고릴라 1000마리. 양쯔강
지느러미 돌고래 1000마리, 검은코뿔소 5000마리…. 사람들
은 보통 코끼리, 코뿔소, 호랑이, 북극곰과 같은 대형 포유류
의 멸종 위기에 주목합니다. 동물원에서 늘 친근하게 만나는
동물들입니다. 하지만 멸종 위기 목록엔 우리 눈에 띄지 않는
수많은 산속의 새, 파충류, 벌레가 있습니다.

　생물 다양성의 상실이 우리를 두렵게 하는 이유는 멸종되
면 그것으로 끝이기 때문입니다. 우리나라 연구진들은 멸종
위기종인 소똥구리 복원 사업을 진행 중입니다. 몽골에서 소
똥구리를 들여와서 수천 마리까지 번식시킨 다음 야생에 다
시 풀어놓는 계획이지요. 이 과정은 힘들고도 결과를 장담할
수 없습니다. 그나마 소똥구리는 아직 멸종 전이어서 보호할
여지가 있습니다. 100년 전 호주에서 멸종한 태즈매니아 호
랑이처럼 한 번 멸종하면 되돌릴 방법이 없습니다. 태즈매니
아를 복원한다는 계획이 발표되기도 했는데 불가능에 가까운
미션입니다.

"모든 존재에는 그 이유가 있고, 고유의 역할이 있다." 생물 다양성에 딱 들어맞는 이야기입니다. 생물 다양성에서는 덜 중요하거나 무시해도 좋은 존재가 없습니다. 빨간눈청개구리의 멸종이, 이름 모를 딱정벌레의 멸종이 '나와 무슨 상관이야'라고 넘길 일이 아닙니다. 벌레 한 마리라도 우습게 볼 수 없습니다.

생태계는 영어로 에코시스템Ecosystem입니다. '시스템'의 특징은 작은 부품, 때로는 나사 하나라도 망가져 제 기능을 못하면 전체가 제대로 작동하지 않는다는 것입니다. 자연계를 이루는 모든 동식물과 곤충, 심지어 박테리아까지도 역할과 기능을 주고받으며 서로를 유익하게 돕고 있습니다. 먹이 사슬은 모든 생명체 사이에 유기적으로 조화를 이루어 복합적인 기능을 해냅니다. 그 모든 역할을 밝혀내기에 동식물은 너무나 많고 과학자들의 연구에는 한계가 있습니다.

하지만 우리가 파악할 수 있는 몇 가지 상식적인 예가 있습니다. 만약 바다에 상어가 없어지면 어떻게 될까요? 중간 크기의 포식자가 늘어나고 작은 물고기들이 줄어듭니다. 작은 물고기들은 해초류를 먹어서 그 확산을 막아 산호초가 건강하게 유지됩니다. 산호초는 해양 생물들과 해안을 보호합니다. 그런데 상어를 잡아서 지느러미만 잘라내고 몸통을 바

다에 던져버리는 선원들은 이러한 상어의 역할을 알까요? 샥
스핀(상어 지느러미) 스프를 즐기는 사람들은 지느러미가 잘린
상어가 헤엄을 치지 못하고 바다에 가라앉아 익사한다는 사
실을 알고는 있을까요?

지렁이가 없는 땅을 상상할 수 없습니다. 지렁이는 낙엽
을 분해해 땅속의 좋은 미생물들이 자라도록 합니다. 또 흙을
파서 먹이를 찾는데, 이때 생긴 구멍으로 식물들이 숨 쉴 산소
가 공급됩니다. 변변찮고 보잘것없는 미물이라 부르지만, 지
렁이는 생태계를 위해서 대단한 일을 하고 있습니다.

곤충이 식물의 수분에 얼마나 큰 기여를 하는지는 초등학
생 때 배워서 알고 있습니다. 꽃가루를 꽃의 수술에서 암술로
옮기는 수분 과정이 있어야 과일이나 채소가 과실을 맺습니
다. 이러한 수분 역할을 하는 곤충은 벌, 나비, 딱정벌레 등 여
럿이지만, 그중에서도 벌의 역할이 가장 도드라집니다.

꿀벌의 소멸 위기

2022년 겨울, 우리나라에서 꿀벌이 사라진다는 소식이
뉴스를 장식했습니다. 겨울 동안 폐사한 꿀벌은 78억 마리에
이른다고 합니다. 꿀벌이 사라지는 것은 우리나라만이 아니라

꿀벌이 얼마나 중요한지 아인슈타인은 이렇게 말했습니다.
"꿀벌이 사라지면 인류도 4년 안에 멸종한다."

전 세계 곳곳에서 벌어지는 사건입니다. 이는 양봉업자의 위기가 아니라 인류 전체의 위기입니다. 전 세계 과일과 채소 수분의 70퍼센트를 꿀벌이 담당하기 때문이지요. 꿀벌들은 수십조 원의 경제적 가치를 제공하고 있는 셈입니다. 꿀벌이 생태계에서 하는 역할이 얼마나 중요한지 아인슈타인은 이렇게 말하기도 했습니다. "꿀벌이 사라지면 인류도 4년 안에 멸종한다."

꿀벌이 사라진 이유로 농약이나 말벌을 꼽기도 하지만 기후 변화도 주요한 원인입니다. 기후 변화에 적응하지 못한 꿀벌들이 집단 폐사했을 수 있다는 것입니다. 기후 변화가 전 세계적인 현상이기 때문에 꿀벌이 사라지는 현상 역시 전 세계적으로 나타나고 있습니다.

생명 다양성 보전의 문제는 대의명분이나 윤리의 문제에 머물지 않습니다. 이것은 인류의 경제적 이익, 개발, 안보에 관한 이야기입니다. 생물 다양성 확보는 인류의 생존과 발전에 절실하게 연결되는 문제입니다. 경제적인 문제는 여러 국가를 협상 테이블로 모이게 합니다. 1992년 국제사회가 체결한 생물다양성협약 역시 그 주요 내용 중에 생물자원의 이익과 경제적 가치를 어떻게 나눌지의 문제를 다루고 있습니다. 또 유전자 자원을 통해 얻은 경제적 이익을 공평하게 나누는 방법도 포함되어 있고요.

요즘 '지속가능'이란 말이 어디에나 붙습니다. 어떠한 자원이든 세심하게 가꾸고 보호하지 않으면서 끝까지 퍼내어 쓰기만 한다면 바닥을 드러내기 마련입니다. 해결책은 아주 어려운 것만은 아닙니다. 그 시작은 지구의 모든 생명체에게는 각자에게 허락된 공간이 있음을 인정하는 것입니다. 만물의 영장이라고 해서 지구의 구석구석을 차지할 권리는 없습니다.

보호 지역과 서식지를 늘리고 야생동물들이 자기 보금자

리에서 방해받지 않고 살게 하는 것이 다음 단계입니다. 때로는 이미 개발된 공간을 자연 서식지로 되돌리는 과감한 방법도 필요합니다. 그 다음은 간단합니다. 자연은 스스로를 보호하는 방법을 잘 압니다. 개체수를 늘려 널리 퍼져 나가는 것은 생물의 본능이기 때문이지요.

동물권

💡 동물복지에 관한 고민

 티베트고원의 사람들은 소를 닮은 야크를 가축으로 키웁니다. 우리가 어떤 대상을 철저히 이용할 때 '벗겨 먹는다'는 표현을 쓰는데, 바로 야크에 대해 그렇게 말할 수 있습니다. 히말라야의 좁은 길을 다닐 때 야크가 짐을 운반합니다. 젖을 짜서 버터를 만들고, 고기를 잘라 먹고, 모피는 내다 팔고, 털은 끈이나 돗자리를 만들고, 똥은 땔감으로 씁니다. 버릴 게 하나도 없는 야크는 인간에게 모든 것을 내어줍니다.

 동물은 그저 인간에게 고기, 모피를 제공하는 존재일까

요? 요즘 동물에 대한 인식이 바뀌고 있습니다. 사람들은 동물의 고통과 삶의 질에 관해 더 섬세하고 예민한 관점을 갖게 되었습니다. 동물을 더 이상 공장에서 찍어낸 제품 취급하지 않고, 동물이 하나의 생명이라는 사실에 주목하는 것입니다.

미국에서 동물을 보호하기 위한 동물복지법이 통과된 것은 1966년입니다. 이 법은 개, 고양이, 토끼, 햄스터 등 동물의 판매, 운송 방법이나 실험실 동물을 다루는 법을 담고 있습니다. 또 개싸움이나 닭싸움 금지를 규정하고 있습니다. 하지만 가축들은 이 법에 포함되지 않았습니다.

오늘날 동물을 보호하려는 노력의 상당 부분은 가축에 집중되어 있습니다. 소극적으로는 동물에게 고통을 주는 것을 금지하는 것입니다. 적극적으로는 동물의 권리와 복지에 관심을 기울입니다. 축산업의 비용과 수익 관점에서 가축은 공장에서 제품을 생산하듯, 살을 빠르게 찌우고 출하한 뒤 도축해서 시장에 내놓는 상품에 불과합니다. 가축들은 아주 비좁고 열악한 축사에서 빠른 시일 내 살을 찌워 고기가 됩니다.

원래 초원을 거닐며 풀을 뜯어 먹어야 하는 소는 우리에 갇혀서 옥수수, 콩 등의 곡물을 먹고 자랍니다. 움직이면 고기가 질겨지기 때문에 고기를 부드럽게 만들기 위해 가둬놓고 키우는 것입니다. 돼지는 6개월이면 목이 잘려서 고기가 됩니다. 역시 좁은 우리에서 사료를 먹고 최대치로 살이 쪘을 때 도축됩니다. 비용 대비 이윤이 가장 남을 때가 그때라고 합니다. 동화 『마당을 나온 암탉』과 달리 식용 닭 대부분은 평생 닭장에서 나올 일이 없습니다. 딱 한 번 밖으로 나온다면 그건 도살되는 날입니다. 밤낮 없이 모이를 쪼아 먹고 3주 만에 몸을 불려서 고기가 됩니다. 그래서 '팝콘치킨'이라고도 불립니다.

가축들의 비참한 상황에 대한 고민이 거듭되다가 동물복지의 개념이 생겨났습니다. 동물의 영양, 건강, 환경, 행동과 정신 상태 등과 같은 평가 기준을 마련하고 보살피는 것입니다. 동물도 생명이고, 그런 동물들에게도 삶의 질이 보장되어야 한다는 시각이지요. 또 동물을 고통스럽게 도축해서는 안 됩니다. 인간이 고통을 싫어하고 어떻게든 피하고 싶어 한다면 가축도 마찬가지입니다. 가축을 고통스럽게 도살하지 않는 것은 최소한의 윤리입니다. 여러 나라에서 소, 돼지, 닭을 고통 없이 도살하는 것에 관한 법을 만들었습니다.

💡 동물복지보다 한 단계 나아간 개념, 동물권

동물권은 동물복지보다 한 단계 나아간 개념입니다. 말 그대로 동물들에게도 권리가 있다는 생각입니다. 동물도 행복할 권리가 있습니다. 낯설게 들리겠지만 사실이 그렇습니다. 동물권을 옹호하는 사람들은 동물이 인간에게 종속되어 식량, 노동, 놀이 목적으로 이용만 당하는 것이 아니라, 자기들이 원하는 대로 살 권리가 있다고 말합니다. 동물은 그 자체로 존중받아야 한다는 것입니다.

　오늘날 인간이 자유롭게 살아야 할 권리를 부정하는 사람은 없습니다. 그렇다면 동물에게는 자유롭게 살 권리가 없을까요? 인간의 식량, 애완, 노동, 유흥을 위해 얼마든지 이용당해도 좋은 걸까요? 엄밀히 따지면 지구의 모든 생명체에게는 권리가 있습니다. 자연 생태계의 관점에서 인간과 동물은 동등한 가치를 지닌 구성원입니다.

　우리가 가축의 동물권을 인정하지 못하는 이유는 가축을 도축된 고기로 보기 때문입니다. 예를 들어 돼지를 샅샅이 분해해서 스티로폼 포장에 담겨 있는 등심, 안심, 갈빗살로 보는 것이에요. 하지만 돼지는 고기이기 이전에 하나의 생명체입니다. 심지어 지능이 상당히 높고 누군가의 애정과 관심을 필요로 하는 존재입니다.

　지금은 생각의 전환이 수시로 이루어지는 시대입니다. 지금 우리가 당연하다고 생각하는 노동자, 여성, 사회적 약자들의 권리에 관한 문제들은 바로 한두 세대 전만 해도 낯선 생각이었습니다. 우리는 이제 최소한 공개적으로는 인종, 피부색, 국적이 다른 사람들을 무시하지 않고 모두의 권리를 인정합니다.

이제는 동물의 권리도 심각하게 고민해야 하는 시대가 왔습니다. 인류애만 챙길 것이 아니고 모든 생명에 대한 사랑을 강조하는 시대입니다. 동물들과 조화롭게 어우러져 살아가고, 가장 작은 동물들까지 행복하게 살도록 지켜주는 것은 인간이 건강하게 살기 위한 길이기도 합니다.

핵무기

💡 핵무기를 보유한 9개국

2022년 봄 러시아가 우크라이나를 침공하자 미국과 유럽 국가들이 러시아에 경제 제재를 시작했습니다. 그러자 러시아의 푸틴 대통령은 핵무기 부대에 특별 전투 임무를 준비하라고 지시했습니다. 그는 핵무기 사용을 암시하면서 외국이 이 전쟁에 개입하면 '역사상 경험하지 못한 결과를 맞게 될 것'이라고도 말했습니다.

1970~1980년대 미국과 소련의 냉전 시대에는 핵전쟁에 대한 불안과 공포가 가득했습니다. 하지만 1991년 소련이 해

체된 이후에는 핵전쟁에 대한 위협이 거의 사라졌습니다. 그 후 30년 만에 소련 핵무기를 이어받은 러시아의 지도자가 핵무기를 전쟁에 사용할 수도 있다는 이야기를 꺼낸 것이지요. 푸틴의 진심이 어떠했는지 몰라도 인간을 파괴하는 혐오스런 무기, 비윤리적인 무기를 입에 올린 것만으로도 사람들은 경악했습니다.

스톡홀름국제평화문제연구소SIPRI에 따르면 2021년 기준으로 전 세계에는 핵탄두가 1만 3080기 있습니다. 1만 3000여 개가 많지 않다고 생각할지 모르지만, 단 한 발로도 대도시를 끝장내는 위력이 있습니다.

현재 핵무기를 가진 나라는 미국, 러시아, 영국, 프랑스, 중국, 인도, 파키스탄, 이스라엘, 그리고 북한까지 9개국입니다. 이중 90퍼센트 이상을 미국과 러시아가 가지고 있습니다. 핵무기는 갈수록 파괴력이 커졌습니다. 미국과 소련은 원자폭탄보다 수백 배 강력한 수소폭탄, 핵탄두를 다른 대륙으로 보낼 수 있는 대륙간탄도미사일을 앞서거니 뒤서거니 개발했습니다. 지구상에 존재하는 가장 강력한 핵무기는 1961년 소련이 개발한 차르 봄바입니다. 히로시마 전체를 잿더미로 만든 원자폭탄보다 3000배가 넘는 위력으로 인류 역사상 가장 강력한 무기로 꼽힙니다. 섬광이 번쩍한 후 치솟은 버섯구름은 에

베레스트산 일곱 배 높이였다고 합니다. 그에 비하면 히로시마 원자폭탄은 장작불 앞의 라이터 정도에 불과합니다.

미국과 소련이 핵무기를 개발하자 여러 나라로 확산되었습니다. 중국이 핵무기 개발에 성공하자, 중국과 분쟁 관계에 있던 인도도 핵무기를 만듭니다. 그러자 인도와 앙숙인 파키스탄도 핵개발에 성공합니다. 파키스탄은 또 리비아에 핵무기 제조 기술을 건네줍니다. 리비아는 결국 핵무기 제조 프로그램을 포기하긴 했지만요. 북한 역시 소련에서 전수받아 개발한 핵무기 기술을 이란에 넘겼습니다.

핵무기가 번지자 드라마 〈오징어 게임〉의 대사처럼 "이러다 다 죽어" 하는 위기감이 퍼졌습니다. 1967년 국제사회는 핵확산금지조약NPT을 체결했습니다. 이에 따라 당시의 핵무기 보유국인 미국, 소련, 프랑스, 영국, 중국이 핵보유국으로 공식 인정되었고요. 그 외에는 어느 나라도 핵무기를 가져서는 안 되고 핵은 에너지 생산 용도로만 써야 했지요. 무기가 전 세계에 퍼진다면 그만큼 핵전쟁 가능성도 높아지기 때문입니다. 만약에 50개국이 핵무기를 갖고 있는 세계에서 살아간다면 어떨까요? 그중에 한 나라라도 사고를 치는 날에는 연쇄적으로 핵전쟁이 일어날 수 있습니다. 확산을 막는 것은 반드시 필요한 일입니다.

국제원자력기구IAEA는 핵무기 기술이 퍼지지 않도록 국제적인 감시, 사찰, 위성 감시를 하고 있습니다. 미국과 소련은 핵무기 미사일 수에 제한을 두는 협정도 맺었습니다. 서로 대등한 수준으로 힘의 균형을 맞춰 누구도 먼저 공격하고 싶지 않게 만들어서 핵전쟁을 예방하자는 의미였습니다. 또 1996년 유엔은 포괄적핵실험 금지조약CTBT을 체결해 모든 종류의 핵무기 실험을 금지하기도 했습니다. 이 모든 것을 어기고 핵무기 개발에 나선다면 미국 주도의 경제 제재나 극단적인 경우 시설 폭격까지도 감수해야 합니다.

핵무기의 목표

핵무기는 보험과 비슷합니다. 사람들은 월급을 쪼개 매월 보험료를 내면서 사망보험, 암보험을 들어놓습니다. 하지만 누구도 그 보험료를 타는 상황이 오는 것을 바라지는 않습니다. 불안해서 혹시 모르니까 최악의 상황에 쓸 수단으로 가지고 있는 것이지요.

핵무기도 마찬가지입니다. 핵무기의 목표는 그것을 잘 사용하는 게 아니라 다른 국가의 핵무기 공격을 억제하는 것입니다. 핵무기를 쓰는 순간 공격과 보복 공격으로 모두가 철저히 파괴될 것을 알기 때문에 보험으로만 갖고 있지 실제 사용할 생각을 하지 않습니다. 이러한 공포와 두려움이 지금까지 핵전쟁 발발의 위험에서 인류를 지탱해주고 있습니다. 그래서 '공포의 균형'이라고 부릅니다.

이러한 균형에는 핵무기가 없는 나라들도 포함되어 있습니다. '핵우산'은 미국의 동맹 국가가 핵무기 공격을 받으면 미국이 대신 보복 공격을 해준다는 개념입니다. 예를 들어 러시아가 핵무기로 독일을 공격하면 미국이 대신 러시아를 공격할 것이기 때문에, 러시아는 핵무기가 없는 독일을 섣불리 공격하지 못합니다. 미국 핵무기 정책은 이런 식으로 미국과 그 동맹에 대한 핵공격을 억제하는 것입니다. 재래식 무기는 계속 강화하겠지만 핵무기는 줄이겠다, 그리고 러시아와 협상해서 핵탄두를 감축하겠다는 것이 미국의 계획입니다.

핵무기는 현재 한반도를 둘러싼 가장 큰 이슈 중 하나입니다. 우리나라는 일본에 이어 두 번째로 핵무기가 사용될 뻔한 위기가 있었습니다. 한국전쟁을 지휘하던 맥아더 장군이 북한, 중국 지역에 원자폭탄 사용을 주장하다가 해임되기도 했지요. 북한은 이미 1950년대부터 핵무기 개발에 착수했습니다. 박정희 전 대통령은 미군이 베트남전쟁에서 패전한 후에 철수하고 1970년 주한미군을 감축하자, 핵개발을 시작했다가 미국의 핵무기 보호 약속을 받고 1970년대 후반에 중단했습니다. 미국은 한반도에 배치해두었던 핵무기를 냉전이 끝나던 1991년 철수했습니다. 그런 중에도 북한은 핵무기 개발에 계속 매달려 2006년에서 2017년까지 여섯 차례 핵실험을 벌였습니다.

핵무기는 가난한 나라의 무기라고도 부릅니다. 국제 관계에는 힘이 강한 나라와 약한 나라의 구분이 명확한데, 둘의 관계를 힘의 비대칭이라고 부릅니다. 예를 들어 힘이 대등한 미국과 러시아는 대칭이지만 미국과 북한은 비대칭입니다. 이 비대칭을 뒤집을 수 있는 것이 핵무기입니다. 강력한 국방력을 갖출 돈이 없는 가난한 나라라도 핵무기 하나만 있으면 그 누구도 섣불리 공격할 수 없는 나라가 됩니다. 아무리 덩치가 작고 힘이 없어도 속주머니에 총 한 자루를 쥐고 있다면 아무도 그를 함부로 때리지 못하는 이치와 같습니다. 미국과 적대국인 이라크, 리비아, 이란, 북한이 악착같이 핵무기를 개발하려 했던 이유입니다.

인류는 앞으로 핵무기 확산을 묶어두고 적절히 통제할 수 있을까요? 안전과 종족의 보존에 집착하는 인류의 본성과 이성의 끈을 놓지 않고 끝까지 균형을 유지할 수 있을까요? 아래 두 가지 시나리오를 준비했습니다.

첫 번째 시나리오는 어느 날 돌발적으로 찾아오는 핵전쟁입니다. 2022년 8월 1일 안토니우 구테흐스 유엔 사무총장은 핵확산금지조약NPT 개막 연설에서 냉전 종식 이래 핵무기 위협이 가장 고조되었다면서 이렇게 말했습니다. "인류는 단 하나의 오해, 단 하나의 오판으로 핵무기에 의해 절멸될 수 있는 위기에 놓였다." 정확한 사실입니다. 엄청난 계산, 분석, 손익 분석, 이성적 판단을 거친다면 인류는 핵전쟁을 할 리가 없습니다. 문제는 이런 과정을 거치지 않고도 인류 종말을 불러올 결정을 할지 모른다는 가능성입니다. 한 발이 사용되는 순간 두 발, 여덟 발, 서른여덟 발로 걷잡을 수 없이 늘어납니다.

최고 권력자 곁에는 핵무기 코드 가방을 지닌 장교가 동행합니다. 이 가방을 열고 핵무기 버튼을 누르는 결정을 하는 데에는 시민들의 여론조사나 국민투표가 필요하지 않습니다. 이성을 상실한 독재자나 국가 지도자 그룹이 다함께 편향된 사고(예를 들면 핵전쟁도 이기는 쪽과 지는 쪽이 있다는 망상)에 빠져 극단적인 결정을 해버릴 수 있습니다. 흔히 '집단 사고의 오류'라고 하는 현상입니다.

핵탄두를 탑재한 ICBM이 미국, 러시아, 유럽 상공 50킬로미터에서 폭발하는 모습을 상상해봅시다. 워싱턴, 모스크바를 시작으로 세계 주요 대도시에서 수백 개, 어쩌면 수천 개의 음산한 버섯구름이 일어납니다. 태양 중심 같은 수만 도의 열기가 건물을 설탕과자처럼 녹여버립니다. 지상에 있던 사람들은 원소 단위로 해체되고 조금 떨어진 곳의 사람들은 숯덩이가 됩니다. 전자기파 때문에 전자장치가 멈추면서 통신, 교통, 행정이 마비됩니다. 사람들은 통조림과 생수를 들고 지하 방공 시설로 피신합니다. 공멸을 의미할 뿐 승자와 패자가 따로 없어서, 애초에 왜 시작했는지 알 수 없는 전쟁의 결과에 모두가 넋이 나갑니다.

방사능은 유전자를 공격해 파괴하고 세포 재생을 불가능하게 합니다. 방사능에 피폭된 사람들은 몸이 기능을 멈추고 일그러지며 피부는 뼈가 드러날 때까지 벗겨지면서 서서히 고통스럽게 죽어갑니다. 방사능 낙진으로 해가 가려지고 검은 비가 내리고 어둠이 가득해지는 핵겨울이 덮칩니다. 농업은 전멸하고 도시는 잡초 더미가 됩니다. 온 세상에 방사능에 오염된 것들뿐입니다. 누군가는 살아남은 사람들이 이미 죽은

핵무기는 어느 나라도 갖지 않는 게 옳습니다.

사람들을 부러워할 것이라는 말의 의미를 깨달을지도 모르겠습니다.

두 번째 시나리오는 모든 핵무기를 완전히 폐기하는 것입니다. 냉전의 마지막 시대를 이끌던 미국의 로널드 레이건과 소련의 미하일 고르바초프 모두 말년에는 핵무기 없는 세계를 주장했습니다. 세상을 멸망시키는 데 핵전쟁은 단 한 차례로 충분합니다.

1957년 마오쩌둥은 중국이 미국의 핵공격에 당해서 3억 명이 죽어도 중국은 더 많은 아이를 낳을 것이라고 말했다고 합니다. 하지만 전면적인 핵전쟁이 일어난다면 아기를 낳아서 해결될 문제가 아닙니다. 인류의 절멸을 걱정해야 할 판이기 때문이지요. 인류 절멸을 막기 위한 유일한 방법은 핵무기를 줄이는 게 아니라 지구상에서 완전히 사라지게 하는 것입니다. 물론 핵무기를 보유한 나라들 입장에서는 절대적인 우위를 포기하고 싶지 않습니다.

앞으로 200년쯤 지나서 21세기 인류보다 열 배쯤 현명하고 절제력이 강한 인류의 후손들이 나타난다면 사정은 달라질 것입니다. 인류의 후손들은 NPT의 문제점을 지적할 것입니다. NPT는 핵무기의 확산을 막기도 하지만 이미 핵무기를 가진 나라들의 독점권을 인정하는 불평등하고도 위험한 조약입니다. 위험하니까 자기들만 갖고 있겠다고요? 핵무기가 인류를 절멸시킬 수도 있는 위험한 무기라면 아무도 갖지 않는 게 옳습니다.

미래의 용감하고 지혜로운 인류는 핵확산금지조약을 핵전면폐기조약으로 바꿀 것입니다. 이 조약에 따라 미국과 러시아는 핵 완전 폐기 프로그램을 개시합니다. 공상 소설같이 들리지만 정말 실현될 수 있다면 인류에게 '사피엔스(지혜)'라는 호칭이 어울릴 만한 사건일 것입니다.

기본소득

케인스 시대에는 상상하지 못했던 주 5일제

영국 경제학자 존 메이너드 케인스는 2030년이 되면 전 인류가 하루 세 시간만 일하고 남는 시간에는 예술 문화 활동을 할 것이라고 예견했습니다. 참고로 케인스는 1930~1940년대 활동했던 학자입니다. 케인스의 예견은 빗나가고 우리는 여전히 하루 여덟 시간 이상을 꼬박 일합니다. 대신에 케인스 시대에는 상상하지 못했던 주 5일제 노동을 하고 있습니다. 월화수토일일일. 언젠가 주 3일 시대가 올지 모릅니다. 지금 주 4일제 논의가 나오는 걸로 봐서는 아주 오래 걸리지 않을지도 모릅니다.

먹고살기 위해서는 꾸역꾸역 일해야 합니다. 여러분 가운데 많은 이는 커서 회사원이 될 것입니다. 보기 싫은 상사 밑에서 지루한 일을 하며 버텨내야 한다는 뜻이지요. 김훈 작가가 '지겨운 밥벌이'라고 표현한 바로 그 일상입니다. 열심히 일해도 여전히 가난에서 벗어나지 못할 수도 있습니다. 매달 생활비와 카드대금을 내고 가족들을 먹이려면 그래도 해내야 합니다. 이럴 때 상상해봅니다. '직장을 다니지 않아도 매달 월급을 받을 수 있다면 얼마나 좋을까.'

이 허무맹랑한 상상이 현실이 될 수도 있습니다. 바로 여러 나라에서 진지하게 검토 중인 기본소득에 관한 이야기입니다. 기본소득은 모든 사람이 빈곤선 이상의 생계를 꾸려갈 수 있도록 같은 금액을 조건 없이 매월 급여처럼 주는 돈입니다. 재산이 10조 원이 넘는 삼성전자 회장이나 재산이 마이너스인 실업자나 똑같이 누리는 보편 복지입니다.

2016년 스위스에서는 기본소득 국민투표가 실시되었고, 2017년 핀란드에서는 2000명을 대상으로 시범 정책으로 운영했습니다. 핀란드는 두 가지를 확인하고자 했습니다. 기본소득이 사회보장 제도를 대체할 수 있을까? 기본소득을 받더라도 일을 하고 싶어 할까? 기본소득을 고민하는 것이 유럽

복지국가만의 이야기는 아닙니다. 자유주의 시장경제의 중심인 미국의 마크 저커버그(메타 회장)와 일론 머스크(테슬라 회장)도 기본소득에 긍정적인 의견을 보였습니다. 기본소득을 핵심 정책으로 내세우는 정치인들도 나왔고요.

이렇게 기본소득의 필요성을 너도나도 주장하는 배경은 무엇일까요? 지금의 세계 경제를 흔히 고용 없는 성장으로 표현합니다. 신자유주의 경영 방식의 핵심 중 하나는 유연한 고용입니다. 유연한 고용이란 경영 상황에 따라 사람을 쉽게 해고할 수 있다는 뜻입니다. 해고는 흔히 가장 쉬운 비용 감축의 방법으로 쓰입니다.

또한 인공지능(AI), 로봇 생산 공정, 3D 프린터, 각종 스마트 기술 등이 일자리를 없애고 있습니다. 과거에는 자동화 라인 때문에 제조업 일자리가 사라졌다면 이제는 회계사, 변호사, 약사, 기자 같은 전문직도 사라질 전망입니다. 생산성은 엄청 증가했지만 기술 혁신 덕분에 사람의 노동력은 점점 쓸모없게 된 상황이지요.

일자리가 대폭 사라지자 문제가 생겼습니다. 국가와 사회에는 부가 많이 축적되었는데, 상위 계층에 집중되고 두루 분배가 되지 않습니다. 서민들의 구매력은 도리어 줄어들고 소비가 위축됩니다. 그러면 기업이 생산한 제품이 잘 팔리지 않아 재고가 쌓이고, 기업의 이익이 줄면서 새로운 투자나 고용이 감소합니다. 생활이 불안정해진 사람들은 소비를 더 줄입니다. 악순환의 반복입니다.

기본소득의 목적

기본소득에는 돈을 돌게 해서 경제를 활성화하는 목적이 있습니다. 경제 활동이라고 하면 생산을 주로 생각하지만 소비 없는 생산은 기업의 파산이나 경제공황을 불러옵니다. 운동화를 사고 떡볶이를 사먹고 연극 공연을 보며 돈을 쓰는 우리의 모든 일과 자체가 경제에 기여하는 일입니다. 기본소득을 지급하면 이러한 소비와 경제 흐름을 원활하게 할 수 있습니다. 또 사회적 약자와 빈곤 계층들도 기본소득으로 교육과 건강을 유지해 결과적으로 경제에 도움이 됩니다.

20세기 초 헨리 포드는 컨베이어 벨트와 자동화로 16초에 한 대씩 자동차를 생산한 혁신을 이루어냈습니다. 대량 생산으로 자동차 가격이 전보다 낮아졌지만 당시 노동자들에게는 여전히 그림의 떡이었습니다. 헨리 포드는 일당을 4불에서 8불로 두 배 인상하는 결단을 내립니다. 높은 임금을 지급해 구매력을 높이고 자동차 가격은 낮춰서 결과적으로 더 많은 자동차를 사게 한 것이지요. 사치품이었던 자동차가 일반 노동자도 살 수 있는 공산품이 되었습니다. 노동자의 급여를 높인 것이 기업에 더 큰 이익으로 돌아온 것입니다. 급여 인상으로 구매력을 높인 것과 같은 효과를 기본소득에서 기대할 수 있습니다.

기본소득에 대한 우려와 효과

기본소득에 반대하는 목소리도 있습니다. 기본소득을 주면 사회는 결국 기본소득에 의존하는 게으르고 비생산적인 사람 대 열심히 일하는 사람의 구도로 나뉠 것이라는 우려입니다. 경제학에서 말하는 '무임승차자'가 속출하면서 부지런한 사람들이 게으른 사람들을 먹여 살리는 모양새가 된다는 것이지요. 경제가 활력을 잃으면서 세금도 덜 걷히게 되고요.

하지만 기본소득은 기본적인 생활에 필요한 만큼만 지원해주는 것입니다. 경제에 대한 기여와 성과에 따라 각기 다르게 주어지는 보상은 여전히 유효합니다. 사람들은 의식주가 해결되었다고 해서 거기에 머물러 있지 않고 더 나은 삶을 누리고 싶어 합니다. 기본소득 때문에 일하려는 동기가 줄어든 사람도 분명 있겠지만, 이보다 더 많은 사람은 여전히 일을 하

고 투자나 창의적인 일에 몰두해 경제적 활동과 사회를 혁신
하는 일을 쉬지 않을 것입니다.

기본소득에는 엄청난 재원이 들어갑니다. 정부의 재정이
파탄 나지 않으려면 다른 예산을 줄여야 하고 국민들도 세금
을 더 내야 합니다. 국가는 사회보장을 위해 이미 막대한 예산
을 쓰고 있습니다. 이것을 기본소득으로 돌리면 재교육, 의료,
직업훈련, 실업수당 등 사회적인 지출은 줄어듭니다. 또 사회
보장 체계를 운용하기 위한 경비도 줄어듭니다. 이처럼 커다
란 사회적 변화가 필요하기 때문에 전 국민적인 합의가 따라
야 합니다.

일하지 않는 자, 먹지도 말라. 이 말은 생산성이 높은 고도
화된 자본주의 사회에서 이렇게 바뀌게 됩니다. 일하지 않는
자, 기본소득 받아 열심히 써라. 쌓아두라고 준 것이 아니니
동네 미용실, 정육점, 학원, 마트 가서 펑펑 써라.

우리는 어릴 때부터 개미와 베짱이 이야기를 읽으며 근면
성실을 최고의 미덕, 가치로 배워왔습니다. 하지만 인간은 호
모루덴스(놀이하는 인간)입니다. 우리는 놀이와 창조 활동을
좋아하는 존재입니다. 그렇다고 말 그대로 놀기만 한다는 뜻
은 아닙니다. 먹고살기 위한 노동에서 자유를 얻게 되면 창의
적인 목표를 위해 살 수 있습니다.

기본소득은 경제 사회적 문제 이상의 질문을 우리에게 던집니다. 노동에서 해방된 인간은 원래 어떤 존재인가? 사람은 무엇을 위해 사는가? 거창해 보이고 철학적인 것 같지만 우리가 각자 한번쯤 생각해봐야 하는 주제입니다. 국가적으로는 부의 재분배로 양극화가 해소됩니다. 가난과 실업, 사회적 약자와 인간 존엄 말살이라는 인류의 영원한 숙제를 해결하고 재정적 자립을 통해 인간의 자유와 존엄성이라는 헌법적 가치가 실현됩니다.

사실 기본소득의 개념은 아주 생소하기만 한 것은 아닙니다. 쿠웨이트나 미국 알래스카에서는 원유를 팔아 생긴 돈을 지역 주민들에게 분배하기도 합니다. 우리나라에서도 코로나19 기간 중에 전국민재난지원금으로 기본소득의 맛보기를 체험했습니다. 그렇다고 해도 전 국민에게 월급처럼 꾸준히 주는 기본소득은 너무 얼토당토않고 꿈같은 이야기로 들리나요? 하지만 지금은 너무 당연한 유급휴가, 주 5일 근무, 주 40시간 근무, 육아휴직도 한때는 모두 상상하기 어려운 일이었습니다.

국가의 역할, 사회보장

사회적 약자를 돌보는 관습과 제도

지금으로부터 3000년 전에 쓰인 구약성경에는 과부와 고아를 돌보라는 말이 자주 나옵니다. 당시의 척박한 환경에서 과부나 고아의 삶은 정말 고되었을 것입니다. 곡식을 수확할 때 이삭을 흘려두거나 먹거리와 옷을 나눔으로써 그들을 보살피는 것은 공동체 유지에 꼭 필요한 일이었습니다.

고구려 고국천왕 때인 194년 진대법이 실시되었습니다. 양식이 떨어지는 봄에 백성들은 굶어 죽거나 귀족들에게 엄청난 이자로 곡식을 빌렸다가 못 갚아서 땅을 빼앗기고 노비로 전락하는 일이 흔했습니다. 진대법은 봄에 나라에서 백성들에게 종자와 곡물을 빌려주고 가을 추수 후에 갚게 하는 제도였습니다.

오늘날 문명이 발달하지 않은 지역에서도 사회적 약자를 돌보는 관습이 확인됩니다. 남태평양 피지의 어느 섬에 병들어서 거동을 못하고 혼자된 노인이 있습니다. 마을 주민들은 끼니때마다 찾아와 노인에게 생선살을 발라 먹입니다. 그들은 이렇게 말합니다. "나도 언젠가 그 노인처럼 된다는 것을 알고 있다. 내가 이렇게 한 것이 나중에 나에게도 돌아온다."

이처럼 고대 사회나 문명이 덜 발달한 곳에서도 서로를 보살피는 제도와 관습이 공통적으로 발견되는 것을 보면 이것은 인간 본성에서 나온 듯합니다. '사회보장 제도'라고 이름 붙이지 않았을 뿐 21세기의 정부가 제공하는 사회보장과 크게 다르지 않습니다.

신자유주의를 극단적으로 신봉하는 이들은 내가 낸 세금으로 왜 다른 사람을 먹여 살려야 하냐고 말합니다. 경쟁에서 살아남거나 도태되는 것은 개인의 몫이고, 가난이든 질병이든 스스로 책임져야 한다는 것이지요. 자유시장과 경쟁 체제는 물론 자본주의를 돌아가게 하는 한 축입니다. 그것을 돕는 또 다른 축은 사회보장입니다. 내가 낸 세금으로 동네 가난한 이

웃이 실업급여를 탑니다. 내가 병들고 일하지 못할 때 정부의 지원을 받아 인간다운 삶을 이어갈 수 있습니다.

정부의 사회보장 책임 범위에 대해서는 의견이 나뉩니다. 흔히 정부의 역할을 큰 정부, 작은 정부로 나누곤 합니다. 둘을 구분하는 기준은 정부가 얼마나 더 적극적으로 분배에 나서는지에 달려 있습니다. 큰 정부는 세금을 더 많이 걷고 지출을 늘리며 복지국가를 추구합니다. 세금을 늘리고 정부 지출도 늘려서 사회보장에 적극적인 역할을 합니다. 반면에 작은 정부는 경제 활동을 전적으로 시장에 맡기고 사회보장을 위한 지출을 최소화한 채 최대한 개입하지 않습니다.

 '큰 정부냐 작은 정부냐'가 아닌, '유능한 정부냐, 무능한 정부'냐가 관건입니다

흔히 보수 정당이 작은 정부를, 진보 정당이 큰 정부를 지향합니다. 미국을 예로 들면, 민주당은 사회자유주의 관점에서 정부의 규제와 세금을 늘리고 복지를 확대하면서 부의 재분배 기능을 높입니다. 반면에 공화당은 신자유주의 경제를 기초로 규제, 세금, 복지를 축소합니다. 우리나라도 이와 비슷하게 진보 정당은 정부의 사회보장 기능 강화, 보수 정당은 법인세 인하를 포함한 각종 감세와 규제 완화 정책에 초점을 맞추는 편입니다.

1980년대 초 영국의 대처 총리는 사회라는 것은 없고 국가가 개인의 가난을 책임져주지 않는다고 말했습니다. 하지만 적어도 지금 세계의 추세를 보면 큰 정부의 역할이 우세한 편입니다. 코로나로 경제가 불황에 빠지자 각국 정부는 재정을 늘려 돈을 풀었습니다. 코로나가 잠잠해지자 그동안 풀린 돈 때문에 인플레이션이 일어나 물가와 금리가 올랐습니다. 그러자 미국과 일본은 인플레이션을 누그러뜨리기 위해 세금을 올립니다.

큰 정부가 필요한 이유는 또 있습니다. 기후 위기로 재난이 빈발하고, 양극화와 불평등이 커지면서 지속적인 성장이 어려워집니다. 저출산과 고령화도 더욱 심해지고 있습니다. 금융자본주의가 거대해지면서 국가의 통제를 넘어 지나치게 탐욕적으로 작동하다가 경제 시스템 전체를 망가뜨리는 일도 있습니다. 이 모든 것이 보다 적극적인 국가의 개입을 불러오는 이유입니다.

그런데 사실 21세기의 세계 경제와 국가의 역할을 따져볼 때 큰 정부와 작은 정부는 낡은 구분법입니다. 이 문제를 이념의 틀로 접근하는 게 문제입니다. 미국은 공공 의료가 취약한 나라입니다. 미국의 의료 현실을 알면 우리나라의 국민 건강보험이 얼마나 훌륭한지 느끼게 됩니다. 미국에서 국가 재정으로 공공 의료를 구축하려는 시도가 여러 차례 있었는데, 그때마다 사회주의를 추구한다고 공격받곤 했습니다. 국민의 건강권을 보장해주고 취약 계층의 의료를 보호해주는 제도는 국민의 이익 관점에서 접근할 문제이지 이념이 끼어들 여지가 없습니다.

큰 정부가 비효율적이라는 주장은 신자유주의를 옹호하는 입장에서 만든 프레임입니다. 북유럽 국가들은 세금을 보통 40퍼센트씩 걷는 큰 정부입니다. 하지만 높은 세금과 함께 높은 수입, 최고의 복지, 사회적 안정과 평화, 효율적이고 투명한 정부, 낮은 부패 지수, 비즈니스하기 좋은 시장 친화적 환경, 이 모든 게 하나의 사회를 설명합니다. 큰 정부라서 비효율적이라고 싸잡아 말할 수는 없지요.

공정하고 투명하게 일하고 분배를 합리적으로 하면 신뢰받는 정부가 됩니다. 신뢰받는 정부에 국민은 더 많은 세금을 내고 공공 지출 정책을 지지합니다. 투명하지 않고 무능한 정부는 이익과 독점권을 일부에게 몰아주어 사회 양극화를 심화시킵니다. 따라서 큰 정부인지 작은 정부인지만 따지는 것은 논점에서 벗어난 질문입니다.

중요한 것은 큰 정부냐 작은 정부냐가 아니라 유능한 정부냐, 무능한 정부냐입니다. 급변하는 상황에 따라 유연하게 큰 정부와 작은 정부의 기능을 돌려가며 할 수 있습니다. 실용적인 관점에서 정부의 사회보장 기능이 강화되기도 하고 증세나 감세가 이루어지기도 하는 것입니다.

12

맥도날드

 미국 파워의 상징, 맥도날드

　미국에는 햄버거회사 맥도날드가 있고, F-15 전투기 제작회사 맥도넬 더글러스도 있습니다. 맥도날드 햄버거는 미국식 표준의 상징이며 효율성의 상징입니다. 간편한 식사 거리를 현대적인 삶의 양식으로 보편화하고 전 세계에 침투했습니다. 맥도넬 더글러스는 미국의 압도적인 군사력을 뒷받침하는 무기회사 중 하나입니다. 물론 러시아에도 우수한 성능의 무기 리스트가 있습니다. 미국에 이어 세계 2위의 무기 수출 국가이기도 하고요. 하지만 옛날 게임인 테트리스를 빼면 세계를 정복한 러시아 문화를 찾기가 힘든 것이 사실입니다.

반면에 미국은 힘과 매력을 다 갖춘 나라입니다. 미국은 전 세계 어느 대륙에서든 전쟁을 할 수 있는 군대와 무기 체계를 가지고 있습니다. 그것도 여러 대륙에서 동시에 전쟁을 수행할 수 있습니다. 사실 미국은 이미 제2차 세계대전 때 유럽, 아시아-태평양, 북아프리카 전선에서 동시에 전쟁을 수행하는 능력을 시연했지요.

미국은 전 세계 어디서든 찾아볼 수 있는 아이폰, 맥북의 본고장입니다. 세계 최악의 테러리스트로 꼽히는 빈 라덴은 9·11 테러의 배후로 지목되어 결국 미군에 의해 사살되었습니다. 그런 그가 아이러니하게도 미국제 전투복을 입고 미국제 타이멕스 시계를 차고 있었습니다. 빈 라덴은 이슬람 세계를 향해 미제美帝(미국 제국주의) 타도를 외쳤지만 미제美製(미국 생산품) 사용만큼은 참을 수 없었나 봅니다.

물론 우리가 무기 중개상이 아닌 이상 미국이 가진 압도적 군사력은 관심 밖입니다. 사람들을 무장해제 시킨다는 점을 생각할 때 맥도날드는 미국의 영향력에서 군사적 능력 못지않게 중요합니다. 맥도날드는 고열량의 표준화된 맛으로 사람들을 매혹합니다. 요즘엔 맥도날드 외에도 햄버거 브랜드가 많지만 맥도날드만큼 전 세계에 많은 매장을 가진 곳은 없습니다.

　많은 상품이 그렇듯 맥도날드도 처음 만든 사람인 리처드 맥도날드, 모리스 맥도날드 형제의 이름에서 딴 것입니다. 프랜차이즈가 없던 시대에 식당의 맛은 천차만별이었습니다. 맥도날드는 언제 어디서든 같은 가격에 표준화된 맛을 제공했습니다. 주문하기도 전에, 한 입 베어 물기도 전에 그 맛을 알 수 있지요. 1955년 창립한 맥도날드는 1960년대 후반부터 전 세계로 뻗어 나가기 시작했습니다. 이 시기에 나온 것이 빵 세 개 사이에 패티 두 개가 들어간 빅맥이었습니다. 빅맥은 맥도날드의 대표 상품이 되었어요.

맥도날드의 '정치적 상징성'

　맥도날드는 국제 정치에서 상징적인 사건으로 등장했습니다. 1990년 1월 모스크바 푸시킨광장에 맥도날드 1호점이 문을 열었습니다. 서로를 그토록 파괴하고 싶어 했던 미국과 소련이었고 교류도 극히 제한적이었습니다. 1980년대 말 미국과 소련이 군축 협상을 하고 핵전쟁의 위기도 사라지면서 화해 분위기가 무르익자 맥도날드 개장이 가능했습니다. 모스크바의 맥도날드 1호점은 단순히 햄버거와 감자튀김을 파는 곳이 아니라 공산주의의 땅에 상륙한 자본주의와 냉전 종식을 선언하는 것처럼 보였습니다.

맥도날드는 세계화, 정확히 말해 미국식 세계화 확산의 상징이었습니다. 전 세계 120개국에 진출한 가장 큰 음식 체인점(프랜차이즈)이며, 170만 명을 고용하고 있습니다. 맥도날드가 이룩한 것은 맛의 표준화뿐만이 아닙니다. 맥도날드 햄버거 가격이 각 나라의 물가를 평가하는 표준으로 쓰이기도 합니다. '빅맥 지수'는 영국 『이코노미스트』지가 만들어낸 경제 지표로, 각 나라 화폐의 구매력과 물가를 평가하고 물가 수준을 비교하는 수단으로 쓰입니다.

미국 사회학자 조지 리처는 맥도날드화McDonaldization라는 말을 썼습니다. 미국이 맥도날드의 효율적 합리적 문화로 미국과 전 세계를 보편화했다는 주장입니다. 산업 사회의 바쁜 사람들은 총알같이 햄버거를 주문하고, 엉덩이뼈가 부딪히는 딱딱한 의자에 앉아 빠른 음악 속에서 후딱 먹고, 심지어 쓰레기도 제 손으로 치우고 나갑니다. 맥도날드화는 맥도날드로 대표되는 패스트푸드가 사회를 지배하는 현상과 현대 사회의 문화적 특징에 미치는 영향을 설명합니다.

맥도날드는 효율성의 상징이지만 사람들과 지구의 건강을 위협한다는 원성을 사기도 합니다. 햄버거는 높은 칼로리

맥도날드에 대한 저항으로 슬로푸드 운동이 일어났습니다.

로 비만을 일으키는 쓰레기 음식junk food이라는 오명에 심장
병, 뇌졸중의 원인으로 지목되기도 하고요. 특히 어린이들이
패스트푸드에 중독되어 건강한 입맛을 잃어버리는 것도 심각
한 문제입니다. 햄버거는 무려 지구 환경 파괴의 원흉이기도
합니다. 햄버거의 쇠고기 패티를 공급하기 위해 소를 키우는
목초지와 소의 사료인 콩 생산지를 확보하느라 브라질과 멕
시코의 열대우림이 파괴되기 때문입니다. 또한 지역 경제에도
타격을 줍니다. 맥도날드가 진출하면 그 지역의 전통 식당이
붕괴되기도 합니다.

이러한 맥도날드의 막강한 영향력에 꿈틀거리는 저항이 일어났습니다. 가장 대표적인 사건은 1986년 로마에 맥도날드가 진출한 계기로 시작된 슬로푸드 운동입니다. 슬로푸드는 그 상징인 작은 달팽이처럼 지역 생산물로 정성스레 요리해 여유 있게 즐기는 식사를 의미합니다. 이 운동은 전 세계로 퍼져 나갔습니다. 지역의 전통 식재료를 더 소비하게 하고, 음식 문화를 보전해서 지역 생산자들에게 이익이 돌아가게 하고, 소비자들도 몸에 좋은 음식을 먹자는 취지입니다.

도시의 삶은 바쁘게 돌아가야 생산적이고 가치 있게 산다고 느끼게 합니다. 공장에서 가공한 재료를 매뉴얼에 따라 빠르게 조립한 패스트푸드는 그저 한 끼를 후다닥 '때우는' 음식입니다. 하지만 우리의 뇌와 심장은 가끔씩 천천히 멍 때리기를 좋아합니다. 우리 몸은 이 땅의 신선한 재료로 특색 있게 요리한 음식을 원합니다.

2022년 맥도날드는 다시 국제 정치의 한복판에 등장했습니다. 러시아가 우크라이나를 침공하면서 미국 주도로 러시아에 경제 제재가 시작되었습니다. 맥도날드는 32년 만에 러시아에서 철수했습니다. 러시아(구소련)에서 맥도날드의 개장과 철수는 역사의 변화를 나타냅니다. 1990년 맥도날드 모스크바 1호점이 개장했을 때는 미국과 소련의 냉전이 물러가고 있었고, 맥도날드가 철수한 2022년에는 신냉전이 시작됩니다. 러시아가 구소련의 영토를 다시 넘보며 팽창하려는 욕구를 드러내고 미국은 그것을 앞장서서 막고 있습니다.

언젠가 맥도날드는 또 다른 역사적 전환점의 상징이 될 수 있습니다. 칼럼니스트인 토머스 프리드먼은 맥도날드가 있는 두 나라는 전쟁을 한 적이 없다고 주장했습니다. 그의 주장은 사실이 아닌 것으로 밝혀졌지만, 경제 개방과 교류가 활발해지면 전쟁 가능성이 낮아진다는 정도로 이해하면 되겠지요. 그래서 우리는 언젠가 맥도날드 평양 1호점의 개장을 기대해봅니다.

인구 문제

💡 인구 100억 명 시대의 문턱에 선 지구촌

로마 시대에는 세계 인구가 2억 5000만 명에 불과했습니다. 1837년 세계 인구는 10억 명이었습니다. 1927년까지도 20억 명에 머물렀지요. 이후 인구가 40억 명(1975년)에서 80억 명(2023년)으로 두 배가 되기까지 50년도 채 걸리지 않았습니다. 세계 인구가 얼마나 빨리 느는지 감이 안 온다면 다음과 같이 생각해보면 됩니다. 전 세계에서 초당 4명 정도가 태어납니다. 컵라면에 뜨거운 물을 붓고 기다리는 3분 동안 750명이 태어나는 셈이지요.

유엔은 세계 인구가 2050년이면 100억 명에 달할 것으로 예측합니다. 반면에 인구 감소 추세를 보이는 나라가 늘어나면서 100억 명 이상까지 인구가 폭발하지는 않을 것으로 보는 인구학자도 있습니다. 그럼에도 100억 명은 여전히 많습니다. 지구에 100억 명이 산다는 것은 많은 걸 의미합니다.

100억 명이 살기 위해서는 100억 명 분의 자원, 에너지, 식량이 필요합니다. 환경오염과 경제 문제가 발생하고요. 기후 변화, 줄어드는 열대우림이나 야생 지역, 쓰레기 양산 문제 등이지요. 식량 문제도 심각합니다. 앞에서 보았듯이 인류는 생산 능력을 갖출 것입니다. 하지만 공정하고 효율적인 분배나 기아 방지에 실패해 기아로 고통받는 인구는 계속 있을 것입니다. 한정된 자원을 놓고 분쟁도 벌어질 테고요.

세계는 부와 자원이 일부에 편중되는 극심한 양극화를 겪고 있습니다. 세계 인구 추세에도 같은 현상이 나타납니다. 지구적 차원에서는 100억 인구의 미래를 걱정하는 한편, 인구가 감소해 나라가 소멸될 지경이라고 아우성치기도 합니다.

주로 개발도상국에서 인구 증가가 나타나는 반면에 선진국의 인구는 감소 추세입니다. 인구 증가가 특히 집중된 국가는 인도, 나이지리아, 콩고, 파키스탄, 에티오피아, 탄자니아, 우간다, 인도네시아 등입니다. 특히 아프리카 국가에서는 출산율 4명대를 유지하고 있습니다. 피임을 금지하는 이슬람과 가톨릭 국가가 개발도상국 중에 많이 있습니다. 또 교육과 소득 수준이 오르면서 자녀를 덜 갖고 교육과 생활의 질에 집중하는 경향이 있기 때문입니다.

전기자동차 테슬라의 회장이자 아홉 자녀의 아빠(2023년 기준)인 일론 머스크는 평소 인구 감소가 인류 문명의 가장 큰 위협이라고 주장합니다. 그는 한국과 홍콩이 세계에서 가장 빠른 인구 붕괴를 겪고 있다고 말했습니다. 홍콩은 중국의 특별행정구로 국가가 아니기 때문에, 한국이 독보적인 세계 1위 인구 소멸 국가로 주목받고 있습니다. 한국이 좋은 쪽에서 세계 1위도 많은데 멸종 국가 1위 타이틀이라니 곤혹스러운 일입니다. 이 모든 변화는 겨우 한 세대 만에 벌어진 일입니다.

1980년대에는 아이가 너무 많았습니다. 당시 초등학교에서는 오전반, 오후반으로 나눠 한 교실을 같이 썼습니다. 형제자매가 서너 명인 집이 상당히 많았고, 정부는 애를 적당히 낳자고 열심히 홍보했습니다. '핵폭발보다 무서운 인구 폭발'은 초등학생들이 자주 그리던 포스터 주제였습니다. 출생률이 줄기 시작하면서 1997년에야 산아 제한 정책, 인구 증가 억제 정책을 폐지하고 출산 장려로 바꿨습니다. 하지만 이미 늦었습니다.

우리나라 연간 출생아 수는 2012년 48만 명에서 2022년 24만 명으로 감소했습니다. 10년 만에 절반이 줄어든 것이지요. 2022년의 합계 출산율은 0.78명으로 국가 붕괴 수준입니다. 인구 유지에 필요한 출산율은 2.1명입니다. 코로나19로 결혼율, 출산율은 계속 떨어졌습니다.

섬, 산간벽지 마을에서나 있는 줄 알았던 초등학교 폐교가 서울에서도 벌어집니다. 2018년 기준으로 입학생이 한 명도 없는 초등학교가 전국에 120여 곳입니다. 하지만 애를 낳자고 아무리 광고해도 약간의 장려금을 쥐어준다고 애를 낳지 않습니다. 정확히 말하면 애를 낳기에 앞서 결혼 자체가 줄어들고 있습니다. 장시간 노동, 경쟁적인 교육으로 인한 교육비 부담, 높은 집값, 미래에 대한 불안 등 이유는 여러 가지입니다.

인구 대국의 대명사 중국도 출산율 1.16명으로 인구 절벽을 겪고 있습니다. 인구가 14억 명인 중국이 인구 감소를 고민하고 출산 장려 정책을 내놓는 현실을 보게 될 줄은 정말 몰랐습니다. 얼마 전까지 아이를 낳으면 벌금을 매기던 중국에서 이제 출산 장려금을 주겠다고 나서고 있습니다.

💡 인구는 증가하거나 감소해도 어려움이 따릅니다

인구 감소에 이토록 긴장하는 이유는 인구가 곧 국력이기 때문입니다. 역사적으로 한 나라의 흥망성쇠와 국력은 인구에 달려 있는 것을 볼 수 있습니다. 역사책에 흔히 100만 대군, 10만 대군이라는 말이 등장합니다. 물론 고대, 중세 인구로 100만 대군은 과장이지만 인구가 군사력의 원천인 것만은 분명합니다. 전선에 나가 싸워야 할 병사들, 후방에서 전쟁 물자를 공급하는 노동자들을 생각해보면 전쟁은 생산력과 인구로 하는 것입니다.

나폴레옹의 프랑스가 유럽을 점령하던 1800년 프랑스 인구는 유럽 전체 인구의 20퍼센트였습니다. 나폴레옹 할아버지라도 인구의 뒷받침 없이는 정복 전쟁을 할 수 없었습니다. 영국의 산업혁명은 인구 폭발과 동시에 발생했습니다. 규모 있는 인구가 없다면 그 큰 식민지를 경영할 수 없었습니다. 세계대전을 일으킨 독일이나 일본은 상당한 규모의 인구를 갖춘 국가였습니다.

많은 인구로 전쟁을 하는 시대는 지났지만 경제력을 유지하는 데 인구는 절대적입니다. 인구는 나라 경제를 떠받치는 공급과 수요 측면에 모두 작용해 경제 성장을 지탱합니다. 물건을 만들고 새로운 혁신과 발전을 이루고 그러한 물건을 소비하는 것은 모두 적당한 인구가 있어야 가능합니다. 생산 제조에서 상당 규모에 도달하고 수출량을 유지하려면 인구를 통해 내수 시장을 확보해야 합니다.

덴마크나 룩셈부르크는 소득이 매우 높은 부자 나라지만 경제 규모 자체는 크지 않습니다. 인구가 5000만 명인 우리나라는 인구수가 많다고는 볼 수 없지만 내수 시장을 꾸려갈 수 있습니다. 만약 앞으로 인구가 3000만 명대로 줄어들면 경제 규모는 그만큼 축소됩니다. 골드만삭스가 예상한 2050년 세계 경제 순위를 보면, 한국은 15위 밖으로 밀려나고 인도네시아, 이집트, 사우디아라비아, 나이지리아가 우리를 앞섭니다. 전체 경제 규모도 필리핀, 말레이시아보다 한국이 뒤처지게 됩니다.

현재의 출생률을 기준으로 보면 대한민국은 300년 후에 사라진다고 말합니다. 하지만 이는 부유한 국가로 이민하는 사람들을 안 따져서 그렇습니다. 한국으로 들어오는 많은 외국인 이민자와 그 후손들이 있을 것이고, 한국은 사라지지는 않을 것입니다. 물론 인구 구성이나 사회의 모습은 많이 바뀌어 있을 것입니다. 미국에서 히스패닉(멕시코, 푸에르토리코, 쿠바) 인구는 1980년 6퍼센트였다가 2016년 16퍼센트로 늘어흑인의 14퍼센트를 앞질렀습니다. 히스패닉은 출산율이 높기 때문입니다. 지금 추세로 보면 우리나라도 외국에서 들어오는 인구 비중이 올라갈 듯합니다.

세상 돌아가는 일이 그렇습니다. 인구가 14억 명인 중국은 사망자 수가 출생아 수를 앞지르고 있습니다. 경제활동 인구가 줄고, 세수 감소가 예상됩니다. 중국은 2015년 1가구 1자녀를 폐지하고 2자녀를 허용하더니, 2021년에는 세 명까지 확대했습니다. 그러나 이미 늦었습니다. 인구 감소가 예상됩니다. 2023년 봄에는 인구 1위의 지위를 인도에 내주었습니다. 유엔은 현재 14억 명인 인도의 인구가 17억 명까지 늘 것으로 예상합니다. 지구인 네 명 중 한 명은 인도인인 셈입니다.

고령화

 유아 사망률 감소와 평균 수명 증가

모차르트 36세, 쇼팽 39세, 슈베르트 31세. 뛰어난 음악가들은 왜 이렇게 일찍 세상과 작별했을까요. 천재는 요절한다는 공식이 맞는 것일까요? 하지만 당시에는 천재나 수재나 둔재나 모두 오래 살지 못했습니다. 예술가들의 짧은 삶은 40세에도 못 미치던 당시 유럽의 낮은 평균 수명을 보여줄 뿐입니다. 어지간한 집들은 자녀를 일고여덟씩 낳았지만 그중 성인이 되는 자녀는 불과 몇 명 되지 않았습니다. 노인이 되는 사람은 그중 극소수였습니다. 살아남는 것 자체가 큰 난관이자 도전인 시대였지요.

20세기 전반기까지도 상황은 좋지 않았습니다. 1914~ 1919년 사이 스페인 독감으로 전 세계에서 사망한 인구는 5000만 명이었습니다. 현재 우리나라의 인구만큼 사라진 셈이지요. 현대적인 방역 체계와 백신이 갖춰져 있지 않았다면 코로나19의 사망자도 그에 못지않을 것입니다. 기아로 인한 죽음은 흉작이나 자연재해가 올 때마다 주기적으로 반복되었고 20세기도 예외는 아니었습니다. 중국에서는 대기근(1958~1961년)으로 4000만 명 이상이 사망했습니다. 세계 곳곳에서 일어난 전쟁과 인종 학살로 인한 사망자는 100만 명 단위를 쉽게 넘어가곤 했습니다.

20세기 후반 세계는 급속한 발전을 이루었습니다. 의학의 발전, 예방접종, 상하수도 개선, 영양 개선 등으로 유아 사망률이 낮아지고 평균 수명은 쑥쑥 늘어났습니다. 아프리카 빈곤 국가를 제외하면 세계 평균 수명은 70세를 훌쩍 넘고, 상위 40여 개 국가만 따지면 80세를 넘습니다. 유엔은 100세 수명이 보편화되는 시대를 예견하기도 했습니다.

경제력이 발전하고 생활수준이 올라가면서 세 가지 변화가 동시에 이루어졌습니다. 평균 수명은 늘고 출산율이 줄면서 고령화가 빠르게 진행됩니다. 인구 감소와 고령화는 동전의 양면입니다. 평균 수명은 늘어나는데 아이가 태어나지 않으면서 고령화가 가속화됩니다.

중위 연령이 늘어나는 고령화는 아프리카를 제외한 전 세계적인 현상입니다. 중위 연령이란 전 국민을 나이 순으로 줄 세웠을 때 가장 가운데 있는 나이입니다. 우리나라는 1980년 중위 연령이 21세였고, 2022년 44세로 늙어가는 중입니다. 2050년이 되면 무려 58세입니다.

산업화가 진행되고 1인당 국민소득이 높아질수록 출생률은 줄고 고령화는 늘어납니다. 이것은 하나의 법칙입니다. 유럽과 일본이 그랬고 후속 산업화 주자인 한국, 대만, 싱가포르도 같은 길을 따라갔습니다. 아시아 지역의 고령화는 특히 빠릅니다. 고속 성장을 달리고 있는 인구 대국 중국, 인도도 예외가 아닙니다.

65세 이상 인구가 7퍼센트 이상이면 고령화 사회, 14퍼센트 이상이면 고령 사회, 20퍼센트 이상이면 초고령 사회입니다. 유럽에서는 지금 네 명 중 한 명이 60세 이상이지만, 2050년이 되면 이 비율이 35퍼센트까지 올라갑니다. 세계 최고 노인 대국은 일본입니다. 일본은 2010년부터 초고령 사회에 진입했고, 전체 인구 열 명 중 세 명이 노인입니다.

한국은 2018년부터 고령 사회에 접어들었습니다. 저출산과 고령화가 동시에 들이닥치고 있지요. 돼지족발과 비빔국수, 치킨과 콜라 같은 '묶음 상품'처럼 두 현상을 엮어 '저출산 고령화'라고도 합니다. 급속한 저출산 고령화의 표본이 우리나라입니다. 선진국의 고령화는 빠르게 진행되고 개발도상국도 그 패턴을 따라가는 추세입니다.

초고령 사회를 목전에 둔 한국

한국은 2025년쯤 초고령 사회에 진입할 예정입니다. 통계청 자료에 따르면 65세 이상 고령층은 2022년 17.5퍼센트지만 2070년에는 46.4퍼센트까지 늘어날 전망입니다. 두 명 중 한 명이 노인인 셈이지요. 그 전망대로라면 한국은 세계 1위 고령 사회가 됩니다.

인구 구성이 근본적으로 바뀌면 사회 모든 영역이 영향을 받습니다. 노동 시장, 금융 시장, 상품 수요, 주택, 교통, 사회적 복지 등 예외가 없지요. 노령화가 의미하는 첫 번째는 경제 활동을 할 수 있는 생산 가능 인구(15~64세)의 감소입니다. 당연하게도 그 결과는 경제 성장률이 떨어지는 것으로 나타납니다. 간단히 살펴보면 2022년에는 5000만 명 중에 생산 가능 인구가 3600만 명인데, 2050년에는 이 숫자가 2300만

수준으로 쪼그라듭니다. 일할 수 있는 사람이 1000만 명 이상 사라지면 생산량이 줄어드는 게 당연하지요.

우리나라는 자원은 빈약하지만 인적 자원으로 먹고사는 나라입니다. 일하는 사람이 감소하면 경제 활력도 줄어들고 정부의 세수도 줄어듭니다. 이렇게 변화된 인구 구조에서 경제는 느린 성장에 맞춰야 할지 모릅니다. 인구 감소는 1인당 GDP 감소로 이어질 것입니다. 어느 경제 연구 전망으로는 2050년 한국의 GDP는 2022년에 비해 30퍼센트 가까이 감소한다고 합니다.

노령 인구가 증가해 연금과 각종 복지비용, 공공 의료비용 부담이 커지게 됩니다. 월급 명세서를 보면 소득세, 고용보험, 지방소득세, 국민연금, 건강보험 등이 쑥쑥 빠져나갑니다. 이런 세금을 내는 사람은 줄어드는데 받아야 할 사람은 해가 다르게 늘어납니다.

앞에서 2070년에 우리나라 전체 인구에서 고령 인구 비율이 거의 절반이 된다고 했지요. 이 숫자는 무엇을 의미할까요? 지금은 생산 연령 인구 한 명이 고령층 다섯 명을 부양합니다. 2070년이 되면 한 명이 한 명을 부양합니다. 선진국에서는 인구 세 명 중 한 명이 연금 생활자가 될 것입니다.

그런 상황에서 젊은 세대가 노령 인구의 연금, 건강 등 복지비용을 분담해야 하는 구조가 심화됩니다. 나이가 들수록 의료비 지출이 많아집니다. 모든 비용은 고스란히 젊은 세대의 부담으로 갑니다. 이러한 상황이 다가오고 있어 '인구 시한폭탄'이라고 표현하기까지 합니다.

여러 나라에서 시행 중인 국가 연금제도에도 비상이 걸렸습니다. 연금 재정에 돈을 내는 사람은 쑥쑥 감소하고 받아야 할 사람은 차곡차곡 늘어납니다. 우리나라도 국민연금 고갈 문제가 큰 관심사입니다. 젊은 세대에 부담을 지우지 않고 노령연금을 보장할 방법을 찾아야 하지만 쉽지 않습니다.

여러 나라들이 연금을 받기 시작하는 나이를 점점 높이는 방식으로 연금제도를 개혁하고 있습니다. 프랑스는 연금 수급 연령을 62세에서 64세로 늦추는 연금 개혁을 시행했는데, 반대 시위와 파업이 거세게 일어났습니다. 다른 유럽 국가도 정년과 수급 연령을 올리는 방식으로 개혁을 추진합니다. 평생 열심히 일하다 은퇴해서 연금을 받으며 쉬고 싶은 사람들의 저항도 크지만, 정부는 정부대로 국가 재정의 파탄을 막으려 애써야 하는 딜레마 상황입니다.

노인 빈곤 문제도 있습니다. 우리나라는 OECD에서 노인 빈곤율 1위 국가입니다. 언론에서는 세계 경제 10위권 국가라고 귀에 못이 박히게 말하지만, 빈곤에 내몰린 어르신들이 동네에서 폐지를 줍는 모습은 흔합니다. 고령 인구가 늘면서 노인 빈곤 문제는 더 심각한 사회 문제가 될 수 있습니다. 여성의 평균 수명이 6년 정도 더 길다는 점도 살펴야 하는 지점입니다. 생애 전체에 걸쳐 여성은 남성에 비해 경제적 참여가 적은 편이어서 연금 등 사회보장에 취약합니다.

　'고령화로 나라가 망한다'든가 '인구 시한폭탄'이 터진다든가 온갖 부정적인 말들이 돌아다닙니다. 우리는 물론 어르신들이 우리 곁에 건강히 행복하게 오래오래 사시기를 바랍니다. 이와 동시에 아이들이 사라진 동네가 다시 아이들의 웃음소리로 왁자지껄한 동네가 되기를 바랄 뿐입니다. 저출산 고령화는 한 세대 만에 우리에게 닥친 일이지만, 이를 다시 회복하는 것은 2~3세대 어쩌면 그 이상 걸리는 일입니다. 인구 균형을 맞추어 노령 인구를 부양하고 경제적 생산성을 유지하는 쉽지 않은 과제에 우리의 미래가 달려 있습니다.

국제기구들

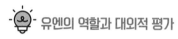

유엔의 역할과 대외적 평가

세계는 좁아졌고 긴밀히 연결되어 있습니다. 국가들은 그 어느 때보다 정치 경제적으로 서로 의존합니다. 세계의 온갖 문제들은 국경을 넘나들며 벌어지고 있고, 국가 주권의 영역에서는 해결할 수 없는 문제가 많습니다. 국제기구가 존재해야 하는 이유지요.

세계에서 가장 크고 유명한 국제기구는 국제연합UN입니다. 우리가 아는 대다수 국제기구들은 사실 유엔의 하위 기관이에요. 유엔은 국제 평화와 안전을 유지하고 인권 보호, 인도적인 지원, 국가들의 개발을 돕는 국가 간 조직입니다. 193개 국을 회원국으로 두고 있어 사실상 세계의 모든 주권 국가가 속해 있습니다. 제2차 세계대전 직후에 더 이상의 전쟁을 막기 위해 만들어졌습니다.

유엔은 특히 우리나라 현대사에서 아주 중요한 의미를 지닌 기관입니다. 유엔이 생긴 지 5년밖에 지나지 않은 1950년 한국전쟁이 벌어졌습니다. 이 전쟁은 유엔의 실력을 가늠해볼 테스트나 마찬가지였지요. 유엔은 즉시 결의문을 내서 북한의 침략 행위를 비난하고 유엔 회원국들에게 지원을 요청했습니다. 미국을 중심으로 한 유엔 16개국의 군사와 물자를 지원받아 우리는 북한의 침략을 막아낼 수 있었습니다.

유엔은 '세계의 정부'라는 말을 듣지만 실제로는 정부처럼 강력한 힘은 없습니다. 그 의지를 강제할 군대가 있는 것도 아니고, 세금을 걷는 것도 아니고, 오직 회원국의 의지를 모아 행동합니다.

유엔은 비대하고 비효율적인 관료 조직, 부패한 조직이라고 자주 비판받습니다. 개혁이 필요하다는데 누가 어떻게 개혁할지 잘 모릅니다. 비민주적인 조직이라는 비판도 있고요. 이상적으로 말해서 유엔 회원국은 평등하지만, 의사 결정 과정을 보면 그렇지 않습니다. 유엔 안전보장이사회 상임이사국

5개국(미국, 영국, 프랑스, 러시아, 중국)은 유엔의 결정에 거부권을 갖고 있습니다. 상임이사국 중 한 나라라도 거부하면 유엔의 결정이 실행되지 못합니다. 이러한 구조적인 한계 때문에 유엔의 권한은 제한적입니다. 강대국의 이해관계에 쉽게 휘둘리기도 하고요. 유엔이 과연 세계 평화라는 커다란 이상에 부응했는지는 물음표가 따라붙습니다.

유엔은 없는 것보다야 낫다는 박한 평가를 받기도 해요. 하지만 유엔이 아니면 해결하지 못할 많은 문제들을 다루기도 합니다. 유엔의 활동 중에서 긍정적인 평가를 받는 것은 유엔평화유지군입니다. 말 그대로 평화만 유지하지 공격하는 군대는 아니어서, 일방적인 침략을 막는 데는 한계를 드러냅니다. 보스니아의 인종 청소, 르완다 학살에서도 우물쭈물하다가 민간인을 보호하는 데 실패했습니다. 여러 실패 사례가 있긴 하지만 또 다른 지역에서는 그 존재만으로 내전과 민간인 살상을 막는 효과가 있습니다. 현재 유엔평화유지군 8만 명이 전 세계에서 열다섯 개 이상의 임무를 수행 중입니다.

세계 평화 유지 외에 유엔의 중요 목표는 빈곤 국가에서 가난을 없애고 재난과 분쟁 지역에서 인도주의 구호 활동을 펼치는 일입니다. 세계 평화와 가난의 종식이라니, 인류 역사상 가장 어려운 미션 두 개를 고른 셈입니다. 이런 목표를 이루기 위해 유엔 아래에는 전문 기구가 열다섯 개 있습니다. 그 중에 우리에게 친숙한 세계은행, 세계보건기구WHO, 세계식량 계획WFP, 유네스코UNESCO, 유니세프UNICEF 등이 있습니다. 이 중 몇 가지 기구를 알아보겠습니다.

🔆 유엔 산하의 기구들

영양실조는 21세기에 어울리지 않는 문제처럼 들립니다. 하지만 지구적 차원에서 여전히 인류가 해결하지 못한 숙제입니다. 유엔 창설과 함께 세계식량농업기구FAO와 세계식량 계획WFP이 세워졌습니다. 기아와 빈곤 퇴치를 위한 기관입니다. FAO는 식량·생산·농업을 발전시키고 식량이 공정하게 분배되도록 하는 것을 임무로 합니다. 기관의 모토 '피앗 파니스Fiat Panis'처럼 모두에게 돌아갈 빵이 있게 하고 아무도 굶주리지 않게 하는 게 목표입니다.

WFP는 식량 가격이 낮아지면 식량 재고를 창고에 비축합니다. 그리고 파키스탄, 수단, 아프간 어디든 기근이 발생하면 수천 대의 화물차에 쌀, 밀, 분유 같은 식량을 실어서 보내 줍니다. 차로 접근하기 어려운 곳에는 화물기를 보내 식량 상자를 낙하산에 매달아 투하합니다. 1994년 북한에서 대기근으로 100만 명 이상이 목숨을 잃자 WFP는 북한에 대한 식량 원조에 적극 나섰습니다. 지금은 북한에 비스킷 공장을 만들어 어린이와 청소년에게 줄 영양 보조 비스킷을 만들고 있습니다.

국제노동기구ILO는 노동자의 노동 조건과 생활을 개선하고 노동과 관련된 사회정의를 바로 세우는 것을 목표로 하는 기관입니다. 전 세계 국가들이 노동조합의 자유 인정, 노동자 건강과 휴식 보장, 노동자 보호 규정을 잘 지키고 있는지 감시합니다. 2021년 ILO는 전 세계에 현대판 노예가 5000만 명에 이른다고 발표했습니다. 현대판 노예란 폭력과 위협으로 강제 노동을 하거나 강제 결혼을 한 이들을 말합니다. 주로 아프가니스탄, 방글라데시, 콩고, 이집트, 인도, 우간다, 예맨 등에 대다수가 있습니다. ILO는 북한의 강제 수용소에서 행하는 강제 노동도 현대판 노예에 해당하는 것으로 지목했습니다.

국제기구 가운데 언론에 가장 자주 등장하고 익숙한 기구 중 하나가 WHO입니다. WHO는 전염병, 만성 질병의 퇴치에 앞장서는 기관입니다. 전염병은 국경을 넘어서 세계적으로 돌기 때문에 국제적인 대응이 필요합니다. 1980년 WHO는 인류를 끈질기게 괴롭혀온 천연두를 백신 보급으로 완전히 박멸했습니다. 이외에도 말라리아, 결핵, 에이즈 등을 몰아내려고 애쓰고 있고요. 앞으로 마주할 도전 과제가 만만치 않습니다. 코로나에 이은 세계적인 바이러스 전염병이 계속 등장할 것이라는 전망 때문이지요.

세계에는 정든 집과 고향을 떠나 다른 나라를 떠도는 사람이 많습니다. 언제 집으로 돌아갈 수 있을지 기약도 없이 얼마나 고단하고 힘든 삶일까요. 유엔난민기구UNHCR는 이러한 난민의 인권을 보호하고 지원해주는 기관입니다. 난민은 인종, 종교, 정치적 이유로 박해를 받아 본국을 떠난 사람들입니다. 더 나은 생활을 위해 자기 나라를 떠난 경제적 이주민과 달리, 난민은 박해의 위협을 피해 목숨과 자유를 지키기 위해서 떠난 사람입니다. UNHCR 추산으로는 전 세계에 1억 명의 난민이 있습니다. 주로 내전을 겪고 있는 시리아, 아프가니스탄, 남수단에서 많은 숫자가 발생했습니다. 앞으로 기후 위기, 기아와 식량 부족이 심해지면서 더 많은 난민이 생겨나고 UNHCR의 임무가 바빠질 예정입니다.

개인에게 사기나 폭력을 당하면 국가에 도움을 호소하면 됩니다. 그런데 국가가 저지른 범죄는 어디에 호소해야 할까요? 국제사법재판소ICJ는 세계의 법원이라고 불립니다. 재판관 열다섯 명이 전쟁 범죄, 인종 학살, 주권 침해 같은 국가 간 범죄를 다룹니다.

ICJ가 설립된 때는 1945년이었습니다. 제2차 세계대전 직후 뉘른베르크에서 나치 전쟁범죄자를 재판해서 열두 명에게 교수형을 내리고, 여러 전범들을 처벌했습니다. 원래 전쟁이나 전쟁 통에 벌어진 학살 등은 재판 대상이 아니었습니다. 다른 나라를 침략한 것이 죄가 된다는 개념이 이때 처음 생겼습니다. 일본 정부는 일본군 위안부 피해자에게 배상하라는 한국 법원의 판결에 반발해서 ICJ에 제소를 검토하기도 했습니다. 아직도 해결 못한 추악한 군국주의 과거사를 나치를 처벌한 법원에 끌고 가려고 했다니 역사의 아이러니라고 할 수 있습니다.

국제형사재판소ICC는 2002년 공식적으로 문을 연 상임국제법원입니다. 이 법원에서는 집단 살해 범죄, 반인도적 범죄, 전쟁범죄로 고발된 국가원수, 장관, 장성 등 범죄자를 심판할 수 있습니다. ICC는 발칸반도에서 대규모 인종 학살을 저지른 밀로셰비치 세르비아 대통령과 찰스 테일러 라이베리아 대통령을 법정에 세우기도 했습니다.

현재 인권단체와 몇몇 국가들은 우크라이나를 침략한 러시아와 푸틴의 전쟁범죄 증거를 모으고 있습니다. 러시아군은 명백한 침략 전쟁을 했을 뿐 아니라 전쟁 수행 과정에서 민간인을 학살하거나 고문하고 민가를 약탈했습니다. 수백 구의 시신이 매장된 집단 매장지가 발견되어 충격을 주기도 했습니다. 하지만 강제력이 없는 ICC가 더군다나 유엔 상임이사국이자 주요 강대국인 러시아의 대통령을 법정에 세우기는 어려워 보입니다.

국제 경제기구 삼총사

국제 경제기구 삼총사로는 세계은행, 국제통화기금IMF, 세계무역기구WTO가 있습니다. 세계은행은 빈곤 퇴치와 개발도상국의 경제 발전을 목표로 세워졌습니다. 개발도상국이 다리, 도로, 발전소, 병원, 학교를 지을 때 세계은행이 싼 이자로 빌려주고 기술 원조를 해주기도 합니다. IMF는 국제 금융기관으로 환율을 안정시키는 역할을 하고, 기금을 모아놓았다가 달러가 부족한 나라에 빌려줍니다.

세계은행과 IMF는 세계 경제 질서의 큰 축을 맡고 있지만, 경제 선진국 특히 미국의 의지대로 움직인다는 한계가 있습니다. 금융 지원을 해주는 대가로 무리한 시장 개방, 내정 간섭 수준의 구조 개혁을 요구해서 개발도상국의 경제를 악화시킨다는 비판도 받았지요. 우리나라도 1997년에 외환위기를 겪으면서 IMF 구제금융을 받을 때 기업 구조 조정, 금융

시장 개방 등을 요구받았습니다.

　WTO는 세계의 무역 질서를 세우고 자유무역을 지원하는 역할을 합니다. 국가 사이에 무역 분쟁이 생길 때 마치 사법부처럼 판결권을 갖고 분쟁을 조정합니다. 불공정 무역으로 피해를 입었다고 생각하는 국가는 WTO에 제소할 수 있습니다. 예를 들어 2015년 일본은 한국이 원전 사고가 난 후쿠시마와 그 주변 지역의 수산물 수입을 금지한 것에 대해 제소했습니다. WTO는 수입 금지가 타당하다고 최종 판정했습니다. 국민의 생명과 안전을 지키기 위한 정당한 조치라고 본 것이지요.

　2002년 미국은 미국 제품보다 더 싸고 경쟁력 있는 수입 철강에 관세를 부과했습니다. 이에 유럽연합과 다른 철강 생산국은 미국의 조치가 불공정하다며 WTO에 제소했습니다. WTO는 철강 관세가 불법이라는 판정을 내렸습니다. 이어 2003년에는 미국 정부가 목화 생산자에게 지급하는 보조금이 불법 판정을 받았습니다.

　앞으로 국제기구가 가야 할 길은 무엇일까요? 개발도상국들은 유엔과 국제기구들이 세계의 불평등 문제나 남북문제 해결에 더 적극 나서야 한다고 주장합니다. 여기서 남북문제란 선진국(북반구)과 개도국(남반구)의 발전과 소득 격차를 말

합니다. 선진국은 불평등 문제도 중요하지만 테러리즘이나 환
경 문제 해결에 효과적으로 나서야 한다고 생각합니다.

개발

나라가 잘산다는 의미

1980년대에는 후진국, 저개발국이라는 용어를 썼습니다. 세계은행은 국민총소득GNI에 따라 세계를 4단계로 나누는데, 저소득과 중간소득 국가를 묶어서 개발도상국이라고 부릅니다. 개발도상국은 말 그대로 '개발 중인 국가Developing Country' 입니다. 개발도상국은 차별과 편견이 없는 용어이긴 하지만 범위가 너무 넓고 기준이 모호합니다. 가령 아르헨티나와 말라위는 경제적 격차가 큰 나라지만 개발도상국으로 묶입니다.

그러면 나라가 잘산다는 것은 무엇일까요? 기본 전제는

나라가 잘살기 위해서는 기본적으로 경제가 발전되어야 하고,
이를 통해 부를 창출하고, 그 부를 잘 분배해야 합니다.

경제가 발전되어 있어야 합니다. 물건이나 서비스를 생산하는 능력이 있고, 새로운 가치를 만들어서 나라에 부가 만들어지고, 이것이 잘 분배되어야 합니다. 그렇게 생긴 자원으로 사람들은 경제적 억압에서 벗어나 기본적인 욕구를 충족합니다. 또 더 나은 수입으로 건강, 물질적인 조건을 개선하고 사회적 문화적인 욕구를 채우면서 삶의 질을 더 향상시킵니다.

　이번에는 잘산다는 것을 숫자로 이해해볼까요. 숫자가 모든 것을 말해주지는 않지만 많은 것을 말해주기는 합니다. 국가의 총소득이나 1인당 소득은 그 나라가 얼마나 개발되고 잘

사는 나라인지 마치 성적표처럼 말해줍니다. 2022년 1인당 국민소득을 보면 덴마크가 6만 8007달러이고, 부룬디가 292달러입니다. 두 나라 국민의 삶의 질이 얼마나 다를지 긴 말이 필요 없습니다.

2022년 부룬디의 1인당 GDP는 194개국 중 194위입니다. 부룬디의 GDP는 1960년대에서 멈춘 것 같습니다. 한 가지 의문이 생깁니다. 가난한 어떤 나라는 왜 계속 가난할까요?

나라가 발전하는 데는 자원, 인구, 영토가 필요합니다. 영토가 일정 수준 이상으로 넓어서 노동력이 풍부하고 자원도 많고 바다로 둘러싸인 나라라면 유리한 조건을 갖추었다고 볼 수 있습니다. 미국, 중국, 러시아처럼 세 가지를 패키지로 가진 나라들이 있습니다. 여기에는 예외도 있습니다. 삼면이 바다지만 자원이 빈약한 한국, 육지에 둘러싸인 데다 자원도 빈약한 스위스는 잘사는 나라입니다. 북유럽 선진국 덴마크, 노르웨이, 핀란드의 인구는 서울 인구만큼도 되지 않습니다. 반대로 자원은 많지만 가난한 상태에 머물러 있기도 합니다.

어떤 학자들의 연구 결과에 따르면 자원과 경제적 부유함 사이에 양의 상관관계(한쪽 값이 늘어나면 다른 한쪽의 값도 늘어남)는 나타나지 않습니다. 도리어 자원은 느린 성장과 상관관계가 있음을 보여줍니다. 1970년대의 가이아나, 잠비아, 라이베리아, 모리타니, 가봉, 쿠웨이트처럼 자원이 풍부한 나라 가운데 이후 20년 동안 빠른 경제 성장을 보여준 나라가 없었습니다.

1950년 베네수엘라는 세계 4위 부국으로 원유가 국가 수입의 95퍼센트를 차지했고 전 국민에게 무상 복지를 제공했지만, 오늘날 경제는 추락했습니다. 나이지리아도 6~7위권의 원유 수출국이지만 높은 경제 성장을 계속 누리지는 못했습니다. 반면에 급속한 성장을 보여준 나라들은 한국, 싱가포르, 대만, 홍콩 등과 같은 자원 빈국이었습니다. 20세기 중반에서 말까지 자원 부국들은 예외 없이 경제 성장이 주춤하면서 '천연자원의 저주'라는 말까지 나왔습니다.

자원과 원조에 대하여

자원 부국은 시스템적으로 강력한 제조업과 수출 주도 성장을 이루는 데 대부분 실패합니다. 자원 의존도가 높은 나라에서는 자원 수출로 즉각적인 경제적 이익과 성과가 나오기 때문이지요. 그러다 보니 다른 분야에서 혁신을 이루지 못하고 산업 성장을 위한 정책에 소홀해집니다. 특히 아프리카 국가들의 경우 자원은 내전이나 정치적 부패와 연결되어 있습니다.

나라가 발전하려면 자본이 필요합니다. 도로, 항만 같은 사회 기반 시설을 건설하고 공장을 지어 생산품을 공급하고 사람들을 고용해야 합니다. 여러 개발도상국이 세계은행이나 아시아개발은행ADB 또는 국가 대 국가로 개발원조 자금을 받습니다. 원조에는 차관과 증여가 있습니다. 차관은 아주 적은 이자로 빌렸다가 수십 년에 걸쳐 갚는 돈이고, 증여는 말 그대로 무상으로 받는 돈입니다.

원조는 가난한 나라가 경제를 일으키는 데 도움이 됩니다. 마셜플랜은 제2차 세계대전 후 폐허가 된 유럽을 재건하기 위해 미국이 서유럽 16개국에 제공한 원조 계획입니다. 미국이 4년간 제공한 천문학적인 금액의 원조는 서유럽이 전쟁의 폐허를 딛고 경제 선진국으로 발돋움하는 데 결정적인 역할을 했습니다. 우리나라 역시 미국의 원조로 큰 도움을 받은 국가 가운데 하나고요.

아프리카 지역은 가장 많은 원조가 집중되는 곳입니다. 아프리카에 원조는 계속 증가했고 반세기가 훨씬 넘게 지속되었습니다. 하지만 아프리카의 성장이나 빈곤 상황은 여전합니다. 개발원조를 그렇게 쏟아부었는데도 불구하고 왜 아프리카는 가난할까요?

어떤 학자들은 개발원조에도 '불구하고'가 아니라 개발원조 '때문에' 가난하다고 주장합니다. 원조가 효과가 없는 정도가 아니라 도리어 발전에 해가 된다는 것이지요. 원조에 대한 지나친 의존은 발전 의지를 해칩니다. 저축해서 자본을 이루고 투자하고 기업을 세워 좋은 상품을 만들고 경쟁을 하면서 나라의 부가 쌓이는데 원조에 의지하다 보면 이 과정이 삭제됩니다. 부유한 나라들에서 원조 자금이 딱딱 들어오고 상환도 30년씩인데다가 많은 경우 탕감도 해주니 스스로 발전시켜야 한다는 절실한 필요를 떨어뜨리는 면이 있습니다.

원조는 또 부패의 온상이 되는 경우가 많습니다. 원조금은 원조를 받는 나라의 정부에 직접 조달하는 경우가 많은데, 이 과정에서 독재자와 그 측근들이 일부를 빼돌리는 방식입니다. 국가가 빌린 돈이 고스란히 자기 수익이 되는 것이지요. 부패한 관리들에게는 자기 주머니를 얼마나 채울 수 있는지가 공공사업의 기준이 됩니다. 천연자원이 그렇듯 원조 역시 너무 의존하고 잘못 사용하면 경제 발전에 보탬이 되기보다 해가 되기도 합니다.

물론 원조는 국제 경제와 외교에서 빼놓을 수 없는 일입니다. 효과적인 원조 사업도 많이 있습니다. 한국도 경제적 위상에 맞게 원조를 높여야 한다는 요청을 많이 받고 있지요. 다만 오랜 시간 대규모로 제공한 원조가 효과를 제대로 내지 못했다면 그 방식을 바꾸어야 합니다. 예를 들어 단순히 자금을 지원하기보다 현지의 자생적인 산업 경쟁력을 키우거나 무역 활동을 지원해서 그 나라가 스스로 지속가능한 발전의 길을 찾게 하는 게 중요합니다.

여기까지 살펴보고 나면 외적인 요소가 나라의 발전에 필수불가결한 결정적인 요소는 아닌 것을 알 수 있습니다. 넓은 토지, 풍부한 노동력, 광물자원 등 발전에 도움이 되는 온갖 것을 갖춰도 가난한 나라들이 있습니다. 반면에 식민지 경험, 인구 증가, 정치 불안정, 내전 등 가난을 부르는 악조건들을 겪고도 부자가 된 나라들도 있습니다.

어떤 학자들은 세계지도에서 선진국이 대부분 북반구에 몰려 있는 것을 놓고, 지리적 영향이 절대적 요인이라고 주장하기도 합니다. 추운 겨울에 대비해서 살아남으려면 지식을 축적해 체계적으로 농사와 식량 관리를 하고 법과 제도를 정비하며 부지런히 일해야 했는데, 이것이 경제 성장에 도움이 되는 문화를 싹트게 했다는 것입니다. 이것은 이미 생긴 결과를 전제로 앞의 사건을 해석하려는 시도일 뿐 인과관계로 입증하기는 어렵습니다.

발전의 핵심, 사회적 자본

외적인 요소가 아니라면 발전의 핵심은 무엇일까요? 학자들은 '사회적 자본'에 주목합니다. 사회적 자본은 협력을 통해 공통의 목표와 가치를 실현하도록 돕는 사회적 신뢰, 제도, 규범을 말합니다. 한 사회 구성원들 사이의 탄탄한 협력 관계, 상호 작용, 사회적인 연결망, 아이디어와 목표의 공유, 연대와 협력, 자발적이고 수평적인 네트워크, 효율성 등을 의미합니다.

사회적 자본은 구성원들이 신뢰와 참여를 기반으로 한 사회적 관계를 통해 조화롭게 협력해서 보다 생산적인 결과를 낼 수 있게 해줍니다. 사회적 자본 수준이 높은 사회에서 구성원들은 상대방이 공동의 가치, 목표를 지니고 규범에 따라 행동하여 개인과 사회 전체에 유익을 줄 것이라고 믿습니다. 공동의 이익과 가치를 위해 행동할 것이라는 믿음은 효과적인 협력으로 이어집니다. 사회적 자본은 거래 비용을 낮춰 효과적이고 생산적인 기업 활동과 경제 활동을 가능하게 합니다. 어느 공동체나 조직에서 구성원들 사이의 신뢰와 유대는 더 높은 생산성과 목표 달성으로 이어집니다. 이러한 효과는 기업과 도시, 국가로 확장됩니다.

반면에 불신이 가득한 사회에서는 상호 협력이 어렵고 감시와 제재 비용이 높아지며, 비즈니스의 예측 가능성과 효율성이 현저히 낮아집니다. 그 결과 권력과 일부 기업 사이에 부패 카르텔이 형성되고 일부 기업에만 부가 집중되며, 외국 투자나 기업 혁신이 위축됩니다.

아프리카 국가들은 신뢰할 수 없는 지도자와 정부를 수없이 겪어내야 했습니다. 독재 정부라 하더라도 국가 경제를 부강하게 만드는 '개발 독재형' 지도자도 있지만, 가난한 나라를 더욱 파멸로 몰아가는 폭군 독재자도 있습니다. 아프리카에는 불행히도 후자에 해당하는 지도자가 유독 많았습니다. 이들은 국가를 통치할 능력이 전혀 없으면서도 권력을 사유화하고 자기 재산을 끝도 없이 쌓았습니다. 뿐만 아니라 국민을 수십만 명이나 학살한 '인간 도살자'도 여럿 있었습니다. 이디 아민(우간다), 응게마(적도기니), 모부투(콩고민주공화국), 보카사(중앙아프리카) 등이 그런 독재자들입니다.

사회적 자본이 축적된 사회는 발전을 주도해 나갑니다. 신뢰할 수 있는 정부와 투명한 법, 정치, 공공 제도, 시민사회가 한데 협력해서 스스로 경제 발전과 국민 삶의 질을 개선해 나갑니다. 요즘 유행하는 자기주도 학습과도 비슷한데, 제아무리 최고의 과외와 교재를 지원해줘도 스스로 공부할 생각이 없으면 공부를 잘할 수 없습니다. 자기 나라를 스스로 발전시키려는 강력한 의지가 없다면 넘쳐나는 자원도 수백억 달러의 원조 자금도 효과를 내지 못합니다. 이러한 이유로, 사회 발전을 결정짓는 다른 요인들이 같다면 사회적 자본의 수준에 따라 그 사회의 국가 경쟁력과 경제적 성장이 결정된다는 것을 예상할 수 있습니다.

기아와 빈곤

🔆 인류 역사는 굶주림과 아사의 연속

　인류 역사는 굶주림과 아사의 연속이었습니다. 지독한 가뭄이 계속되어 농작물이 말라 죽습니다. 쌀, 보리가 흉작이면 감자와 고구마로 끼니를 때우지만 그것마저 병이 들어 썩습니다. 악독한 관리들은 그런 와중에도 아껴둔 곡물을 탈탈 털어가며 착취합니다.

　곡식 낟알이라곤 한 톨도 남지 않은 상황에서 사람들은 산나물, 꽃, 풀뿌리를 캐 먹고 강가의 수초를 건져 먹고, 그마저도 없으면 나뭇잎을 뜯고 나무껍질까지 벗겨다 끓여 먹습니다. 껍질이 벗긴 나무들은 하얗게 속살을 드러냅니다. 결국 배고픔에 미쳐버리고 나면 사람이 사람을 잡아먹는 참극이 벌어집니다. 불과 100여 년 전에 세계 곳곳에서 일어난 일입니다.

토머스 맬서스는 『인구론』에서 "생명의 싹은 번식력이 지나치게 뛰어나고 엄청나서 개체수를 제한해야 한다. 식물계, 동물계는 질병과 요절(일찍 죽음) 장치로 균형을 맞춘다. 인간도 빈곤으로 같은 효과를 낸다"라고 밝혔습니다. 이 책을 발표한 것은 1789년이고 지금은 230년이 더 지났는데도 빈곤으로 사람이 '대량 살상'되는 일은 반복되고 있습니다.

앞에서 개발도상국의 범위가 너무 넓다고 지적했습니다. 그런데 경제적인 형편이 더 열악한 나라를 가리키는 용어로 최빈국Least Developed Country, LDC이 있습니다. 2022년 기준으로 유엔무역개발회의는 아프리카 33개국, 아시아 9개국을 포함해 총 46개 국가를 최빈국으로 분류했습니다.

아시아 지역은 그나마 나아졌지만 사하라 이남 아프리카의 사정은 여전히 어렵습니다. 예맨, 남수단, 에티오피아, 나이지리아가 대표적인 기근 지역에 속합니다. 옥수숫가루 포대의 바닥을 박박 긁어 오늘 다섯 아이에게 먹이고 나면 내일은 먹을 게 없는 절대 빈곤이 존재하는 땅입니다. 21세기에도 사람이 굶어 죽는 게 가능한지 의문이 든다면 최빈국의 이야기에 귀 기울여야 합니다.

물론 세상은 많이 바뀌었고 아프리카도 마찬가지입니다. 스웨덴의 의사이자 통계학자인 한스 로슬링은 세상이 두 세계, 즉 못사는 나라와 잘사는 나라, '그들'과 '우리'로 나누는 것에 비판적입니다. 그것은 1960년대의 얘기고 지금은 세상이 변했다는 것이에요. 그는 그 증거로 유엔의 통계 데이터와 그래프를 보여줍니다.

"저소득 국가에서 여성의 60퍼센트가 초등교육을 받는다. 저소득 국가의 기대 수명은 62세이다. 세계 인구의 극빈층 비율이 20년 전 29퍼센트에서 이제 9퍼센트로 줄어들었다. 인도 극빈층 비율이 총인구의 42퍼센트에서 12퍼센트로 줄었다. 1990년대 이후 20여 년간 절대 빈곤이 절반으로 줄었다. 전 세계 인구 중 75퍼센트 정도의 사람들이 중간소득 국가에 살고 있다."

이러한 통계를 제시하며 한스 로슬링은 세상이 둘로 나뉘지 않고 중간이 두터워졌다는 사실을 강조합니다. 그리고 말합니다. "세계를 현실보다 훨씬 더 부정적으로 바라보는 사람

이라면, 단순히 통계만 봐도 세상을 훨씬 더 긍정적으로 느낄
수 있다."

　이러한 주장을 들으면 아프리카 지역을 향한 왜곡된 이미
지에 대해 반성할 필요를 느낍니다. 아프리카라는 말에서 눈
물 자국에 파리가 붙고 배가 부어오른 굶주린 아이들을 떠올
린다면 우리의 인식은 1980년 어디쯤에 머물러 있는 셈이지
요. 아프리카를 싸잡아서 가난에 찌든 하나의 국가인 것처럼
지칭하는 것도 심각한 인식 오류입니다.

　하지만 그와 동시에 우리는 통계나 평균값이 다 드러내지
못하는 현실을 보아야 합니다. 통계청에 따르면 2023년 우리
나라 가구당 월평균 소득은 483만 원이라고 합니다. 그보다
훨씬 못 버는 사람이 내 주위에 수두룩한데 말이지요. 통계는
정확해도 통계와 평균의 착시 현상을 막을 수는 없습니다.

빈곤 극복의 과제

　세계의 절대 빈곤은 분명히 줄었고 생산량과 소득도 개선
되었습니다. 그러나 상황을 낙관할 정도로 가난과 빈곤 문제
가 해결되었다고 보기는 어렵습니다. 2000년 유엔총회에서
전 세계 189개국은 여덟 가지를 목표로 하는 '새천년 개발 목

표MDG'를 세우고 2015년까지 이루기로 합의했습니다.

그 첫 번째는 절대 빈곤과 기아를 없애는 것이었습니다. 유엔 기준으로 '절대 빈곤'은 하루에 1.9달러 이하로 살아가는 것을 말합니다. 제대로 교육을 받을 수 없고, 당장 먹을 것은 있지만 내일 먹을 식량이 없고, 밤에는 집을 밝힐 불빛이 없고, 몸이 아파도 제대로 치료를 받기 힘든 극한 상황입니다. 절대 빈곤을 몰아내려는 노력에서 부분적인 성과는 있었지만 목표에 도달하지는 못했지요.

이어 2015년 유엔총회는 열일곱 개 항목의 '지속가능한 발전 목표SDGs'를 세웠습니다. 이번에도 첫 번째 목표는 '모든 곳에서 모든 형태의 빈곤 종식'입니다. 2030년까지 전 세계의 절대 빈곤을 사라지게 하는 것입니다. 기아 종식을 가로막는 방해물들은 여러 가지가 있습니다. 내전과 분쟁, 곡물 가격의 폭등, 기후 위기 그리고 코로나 같은 새로운 장애물이 더해지기도 합니다.

전 세계 국가의 4분의 1에 해당하는 46개국이 아직 최빈국에 머물러 있는 것을 보면 갈 길은 아직 멉니다. 빈곤은 주로 특정 지역, 특히 아프리카 대륙에 집중됩니다. 한 세대 전에는 아프리카뿐 아니라 중국과 인도도 찢어지게 가난했습니다. 두 나라는 빠른 속도로 성장해서 지금은 지구의 생산을 떠받치는 경제 대국이 되었습니다.

아프리카는 어떨까요? 월드뱅크에 따르면 2030년 세계에서 가장 가난한 인구의 87퍼센트가 사하라사막 남쪽의 아프리카에 살 것으로 추산하고 있습니다. 전망에 따르면 2030년에도 5억 명 이상이 절대 빈곤 속에 살 것으로 예상합니다. 물론 전체적으로 절대 빈곤이 줄어든 것은 사실이지만. 아주 퇴치하지는 못했습니다. 생산력이 늘더라도 인구 역시 계속 늘어나고, 분배는 제대로 작동하지 않기 때문입니다. 지금 세계가 하고 싶은 것은 줄이는 것을 넘어 완전히 몰아내는 것입니다.

가난은 추상적인 개념이나 통계가 아닙니다. 수입이 없어서 아이들이 영양실조에 걸리고 교육과 의료를 제대로 받지 못하는 현실을 의미합니다. 누군가 우리나라의 4인 가족에게 하루 2000원으로 살아가라고 한다면 "굶어 죽으라는 것인가"라고 반문할 것입니다. 요즘은 물가가 올라 라면 두 봉지도 못 사는 돈입니다. 그런데 전 세계에서 7억 명 이상이 하루 1.9달러 미만으로 살아갑니다.

중요한 사실은 우리가 21세기 고도화된 기술과 생산력 혁신의 시대에 살고 있다는 것입니다. 인류는 이미 지구인 전체를 먹여 살리고 남을 정도의 생산력을 보유하고 있습니다.

식량 생산 능력만 놓고 보면 지구 같은 다른 행성 하나를 더 먹여 살릴 수도 있다는 말도 있습니다. 지구상에서 모든 형태의 빈곤을 종식시킨다는 목표는 허무맹랑한 꿈이 아닌 것이지요. 다만 세계적 차원에서 식량 자원의 배분이 제대로 작동하지 않고 있습니다. 글로벌 차원에서 보면 이전에는 정말 식량이 없어서 굶주렸지만. 지금은 글로벌 차원에서 분배에 실패했기 때문에 굶주리고 있습니다.

한스 로슬링은 세상을 두 세계로 나누는 편견과 오해에 대해 지적했습니다. 그것은 편견이기도 하고 또 세계적 양심의 문제이기도 합니다. 고도의 기술 진보와 생산성을 이루었지만 여전히 기아로 인한 사망과 영양실조가 발생한다면 그것은 인류라는 종의 문제입니다. 한국처럼 음식이 넘쳐나는 세상에서 영양실조는 '제3세계'의 일이라고 생각할지 모르지만 사실은 바로 위쪽 북한 동포들에게 실시간으로 벌어지는 사건입니다.

지구에서 가난을 몰아낸다는 인류의 야심찬 목표는 어렵고 험난하지만 포기할 수 없습니다. 19세기 초에는 11억 명의 세계 인구 절대 다수가 절대 빈곤이었습니다. 2030년이 되어도 절대 빈곤이 아직 사라지지 않은 것을 확인하게 되면 유엔총회는 다시 2050년까지의 목표를 세울 것입니다. 완전하지는 않지만 그래도 지구상에서 빈곤을 완전히 몰아낸다는 원대한 목표를 향해 걷고 있습니다.

인류가 보유한 부와 고도화된 생산력에 비하면 빈곤 퇴치의 목표는 오히려 소박한 편입니다. 사회의 모든 구성원이 굶거나 비인간적인 대우를 받지 않고, 최소한의 의식주를 보장받아 인간적인 품위를 지킬 수 있는 삶을 영위하는 것이지요. 이 목표를 실행할 자원은 있지만 정치적인 의지, 정책, 우선순위, 철학과 윤리의 뒷받침이 필요합니다.

에너지

화석연료가 차지하는 비중

에너지는 우리가 밥을 짓고 난방을 하는 일상에서부터 산업 생산과 소비, 경제 전체의 문제까지 모든 것에 연관되어 있습니다. 에너지 사용으로 생긴 기후 변화는 미래의 방향을 결정짓는 문제이기도 합니다. 그렇기 때문에 에너지 정책은 국가가 내려야 하는 가장 중대한 의사 결정 가운데 하나입니다.

에너지 중에서도 비중이 높은 석유는 국제적인 힘과 외교의 역학 관계에도 영향을 줍니다. 석유는 중동 지역에서 벌어진 전쟁의 직간접적인 원인이 되기도 했습니다. 이익을 극대화하거나 정치적 목적으로 에너지 가격이나 공급을 조정하는 행위는 에너지 자원의 무기화라는 비판을 받기도 했지요.

예를 들어 러시아 국영 가스회사 가스프롬은 독일이 2022년 러시아의 우크라이나 침공을 비판하자, 독일에 대한 가스 공급을 끊는 것으로 응수했습니다. 에너지로 상대를 압박하고 굴복시키려는 시도였습니다. 이 사건은 러시아산 석유와 천연가스 수입에 의존하는 유럽연합에 충격을 주었습니다. 천연가스 수입이 부족해지고 가스값이 급등하면서 유럽 곳곳에서 전기 공급에 차질을 빚었습니다. 유럽연합은 러시아에 대한 에너지 의존도를 어떻게 줄일지 고민했고, 시민들은 난방을 기온이 19도 이하일 때만 틀고 샤워는 5분 이내로 끝내자며 에너지 위기의식을 느꼈습니다.

에너지의 95퍼센트 이상을 수입에 의존하는 우리나라로서는 남 일이 아니었습니다. 전쟁 등으로 국제 질서가 불안정할 때마다 우리나라는 에너지 가격 인상에 환율 상승분까지 부담을 안게 됩니다. 우리가 별로 의식하지 않지만 전기는 비싼 수입품입니다.

모든 국제적 이슈에서 중요한 키워드는 지속가능성입니다. 석유, 석탄, 천연가스 같은 화석연료가 지속가능하지 않다는 사실은 아무도 부인하지 못합니다. 화석연료는 매장량이 한정되어 있어 영원히 쓸 수 있는 에너지가 아닙니다.

석유의 남은 매장량에 대해서는 50년이다, 100년이다 여러 주장이 있습니다. 그런데 지구 곳곳에서 새로운 유전이 발견되는 것을 보면 예상보다 오래 갈 것도 같습니다. 특히 2008년 미국은 셰일 가스를 추출하는 기술을 개발했습니다. 셰일 가스는 모래와 진흙이 굳어진 퇴적암(셰일) 속에 고인 천연가스입니다. 지하 3킬로미터까지 관을 삽입해 셰일 가스와 셰일 오일을 뽑아냅니다.

셰일 오일의 매장량은 사우디아라비아 유전에 버금가는 규모로 알려져 있습니다. 2019년 미국은 사우디아라비아를 따돌리고 세계 1위 산유국이 되었습니다. 이 셰일 가스는 중국, 캐나다, 러시아, 북아프리카에도 있습니다. 그럼에도 불구하고 화석연료는 수백만 년 동안 형성된 것을 퍼내어 쓰는 것이기 때문에 결국 바닥나게 되어 있습니다.

에너지는 국제 정치 질서를 좌지우지해 왔습니다. 특히 연료를 많이 소비하는 미국은 중동을 언제나 그 영향력 아래 두려고 했습니다. 하지만 셰일 에너지가 넘쳐 나면서 미국은 중동 페르시아만과 중앙아시아 지역의 미군 주둔군 숫자를 줄였습니다. 더 이상 미국의 핵심 이익 지역이 아니라는 의미지요. 사우디아라비아 역시 더 이상 미국의 뜻에 따라 행동하지 않고 독자적인 외교를 합니다. 에너지 때문에 2003년 미국의 이라크 침공이 일어났고, 미국의 외교 관심사가 온통 중동에 쏠려 있던 것을 생각하면 세상이 바뀌었습니다.

또한 화석연료는 엄청난 온실가스를 배출해서 기후 위기의 주범으로 지탄받고 있습니다. 중국 동부의 석탄화력발전소가 얼마나 가동되는지에 따라 우리나라 미세먼지의 정도가 바뀌는 것만 봐도 알 수 있습니다. 앞으로 쓸 수 있는 석유 매장량이 문제가 아니라 당장 사용을 줄여야 한다는 여론이 전 세계적으로 들끓고 있습니다. 각국 정부는 화석연료에서 벗어나 깨끗한 에너지로 전환하려는 행동에 각자 다른 속도로 나서고 있습니다.

그러나 2022년 기준으로 지구상에서 사용하는 에너지의 약 80퍼센트는 여전히 석유, 석탄, 천연가스 등의 화석연료입니다. 환경을 생각하면 '석유 중독'을 끊어야 한다고 다들 주장하지만 하루아침에 되는 것이 아니지요. 코로나 봉쇄가 풀리면서 사람들이 다시 활발하게 이동하고, 또 에너지 위기로 석탄화력발전 의존도가 다시 높아지면서 화석연료 사용이 줄어들 기미가 보이지 않습니다. 전 세계가 하루에 소비하는 원유 양은 1억 배럴이나 됩니다. 2022년 화석연료 사용으로 인한 전 세계 이산화탄소 배출량은 375억 톤으로 역대 신기록입니다.

💡 원자력의 효용과 위험성

원자력발전의 원리는 우라늄에 중성자를 충돌시켜 핵분열을 하면서 발생하는 열을 이용해 물을 끓이고, 여기서 나오는 증기로 터빈을 돌려서 전기를 생산하는 것입니다. 처음에 원자력은 꿈의 에너지였어요. 태양이 에너지를 내는 방식과 비슷한 원자력발전소는 마르지 않는 샘 같았거든요. 효율이 높고 비용도 비교적 저렴했습니다. 핵에 관한 기술은 핵무기로 전용할 수 있기 때문에 무기에 활용하지 않고 평화적으로 이용하기만 하면 문제가 없어 보였습니다.

1973년 오일 쇼크를 계기로 석유의 대안인 원자력의 인기가 치솟았습니다. 전 세계적으로 새로운 원전이 매년 수십 개씩 생겼습니다. 원전 기술 강국인 프랑스는 원자력 전력 생산 비중이 8퍼센트에서 78퍼센트로 늘어났을 정도였습니다. 그러나 1979년 미국 스리마일 원자력발전소 사고로 제동이 걸렸습니다.

그리고 얼마 뒤 인류 역사상 최악의 방사능 사고가 터졌습니다. 1986년 우크라이나 체르노빌 원자력발전소 사고였습니다. 사망자는 적게 잡아 4000명, 많게는 수십만 명까지 추산하고 있습니다. 사고 이후 서서히 죽어간 사람도 많았고, 대를 이어 백혈병과 여러 질병으로 고통받고 있습니다. 방사능이 유전자를 파괴하는 게 어떤 것인지 알게 되었지요. 이후 원자력의 경제성, 안전, 깨끗한 이미지는 싹 사라지게 되었습니다.

그런데 체르노빌의 끔찍한 악몽은 시간이 흐르면서 잊혔습니다. 그리고 기후 위기 대응이 부각되면서 온실가스 배출을 적게 하는 원자력이 주목받았습니다. 기후 변화 대응을 위해 원전이 더 많이 필요하다고 주장하는 사람이 늘어났습니다. 이제 원자력발전소 건설이 늘어날 것처럼 보였습니다.

하지만 2011년 3월 11일 일본에서 대지진 쓰나미로 후쿠시마 발전소의 원자로가 폭발했습니다. 후쿠시마는 엄청난 각성 효과를 불러왔습니다. 원자력발전소는 정말 안전할까요? 우리가 사는 도시에 원자력발전소를 두고 살 수 있을까요? 후쿠시마는 여러 국가들이 에너지 정책을 근본적으로 바꾸는 계기가 되었습니다. 원자력 사용 기한을 앞당기고 재생에너지로 더 빠르게 전환하기로 했습니다. 독일은 원전을 모두 폐쇄하기로 결정했고, 스위스와 이탈리아도 탈원전 정책을 도입했습니다.

지금까지의 원자력 사고가 가르쳐준 교훈이 있습니다. 사람의 실수(체르노빌), 자연재해(후쿠시마), 시스템 결함(스리마일)이든 무슨 이유로든 사고는 일어날 수 있다는 것입니다. 원전 사고를 미국이나 일본 같은 세계 최고의 기술 강국들도 피하지 못했다면, 언제든 누구에게든 닥칠 수 있다고 말하는 게 맞습니다. 우리나라에는 원전이 27기가 있습니다. 우리나라처럼 작은 나라에서 원전 사고는 더 치명적입니다.

원자력에 대한 재평가가 이루어지고 있습니다. 원자력의 장점으로 꼽혀온 효율성, 즉 비용 대비 효과가 크다는 말은 사실일까요? 원자력 에너지 생산 단가가 화력발전소에 비해 싸다는 것은 사실입니다. 하지만 한 번 사고가 났을 때 그 수습에 들어가는 비용을 생각하면 결코 싸지 않습니다.

원자력 사고는 발전소 하나가 파괴되는 것으로 끝나지 않습니다. 발전소가 있는 도시와 지역 일대가 방사능에 오염돼 더 이상 살 수 없는 곳이 됩니다. 그리고 수만 년 동안 회복이 불가능합니다. 무엇보다 방사능에 오염되어 사망하거나 고통받는 사람들을 생각하면 원자력 사고의 비용을 추산할 수조차 없습니다.

원자력이 깨끗하다는 주장은 어떨까요? 기후 위기에 대응하기 위해 원자력발전을 확대해야 한다는 주장이 있습니다.

원자력을 '청정에너지'라고 말하기도 합니다. 하지만 발전소를 짓고 허무는 과정에서 온실가스가 발생합니다. 특히 원자력발전소에서 나오는 방사능 쓰레기가 문제입니다.

플라스틱이 썩는 데 수천 년이 걸린다고 걱정이 많지만, 방사능 쓰레기에 비길 수 없습니다. 원전 폐기물에서 방사능물질이 완전히 사라지는 데 걸리는 시간은 10만 년에서 30만 년까지라고 말하는 사람도 있습니다. 문자로 기록된 인류 역사가 겨우 5000년인데 30만 년이라니 헤아리기 힘든 시간입니다. 방사능 쓰레기는 지금도 지구 어딘가에 쌓이고 있습니다.

핵무기로 전용될 가능성도 있습니다. 우라늄 농축 비율 2~5퍼센트는 원자력발전용, 90퍼센트는 핵무기용입니다. 핵무기의 확산을 막는 차원에서도 원자력의 사용을 중단해야 합니다.

이런 배경에서 세계 각국은 원전 투자를 거둬들이고 재생에너지 투자로 전환하고 있습니다. 국제에너지기구(IEA)의 2022년 세계 에너지 투자 자료에 따르면, 전 세계의 원전 투자 비용은 63조 원 수준입니다. 재생에너지 투자 비용인 646조 원의 10분의 1 수준에 불과합니다. 신재생으로 산업이 재편되는 상황입니다.

만약 사고도 없고 깨끗한 핵에너지를 찾는다면 전혀 새로운 대안 에너지도 가능성이 있습니다. 과학자들이 한 가지 찾은 것은 헬륨3이라는 원소인데, 이것으로 핵융합 발전을 할 수 있습니다. 원자력보다 효율은 좋으면서 방사능 쓰레기가 나오지 않습니다. 문제는 헬륨3이 달에 있다는 사실입니다. 언젠가 달에 우주 왕복선을 보내 이 자원을 긁어 올 수 있다면 인류는 에너지 고민에서 해방되겠지요. 하지만 실현 가능성은 아직 머나먼 이야기입니다.

이처럼 화석 에너지와 원자력은 안전과 환경이라는 양보할 수 없는 두 가지 문제에서 한계를 드러냅니다. 그 위험성이 단순 사고 정도가 아니라 문명의 붕괴(기후 위기)나 도시의 소멸(원전 사고)을 말할 정도입니다. 지금 당장은 두 에너지원에 크게 의존하고 있지만 최선의 방안은 아닙니다. 다행히 인류에게는 대안이 있었습니다. 에너지원의 대전환은 이미 시작되었습니다. 얼마나 시간이 걸리느냐가 문제겠지요.

신재생에너지

 꿈의 에너지, 풍력과 태양력

화수분은 그 안에 담긴 물건을 아무리 써도 마르지 않는 상상의 요술 단지입니다. 최신 스마트폰 하나를 여기 넣은 다음 1000개로 복제해서 전교생한테 하나씩 선물할 수 있습니다. 만 원짜리 한 장을 넣는다면? 상상만 해도 마음이 벅찹니다.

화수분 같은 에너지가 있습니다. 신재생에너지란 태양, 바람, 물, 지열처럼 늘 우리 주변에 있고 아무리 써도 닳아 없어지지 않는 에너지를 말합니다. 화석에너지는 수억 년에 걸쳐 만들어졌고 수백 년 이내에 모두 소모되어 사라질 예정입니다. 태양도 영원하지는 않고 50억 년 후에는 사라진다고 하는데, 50억 년이면 인간에게는 영원이나 마찬가지입니다. 신재생 분야에서 가장 성장하는 에너지원은 풍력과 태양력입니다. 2027년경에는 이 두 에너지원이 전 세계 전력 생산의 20퍼센트를 담당할 것으로 예측합니다.

이론적으로 말해 인류는 태양력 하나만 잘 활용해도 지구상에 필요한 모든 에너지를 쓰고도 남습니다. 지구가 1년 동안 태양으로부터 받는 에너지는 연간 에너지 소비량의 7000배 가까이 된다고 합니다. 그 무궁무진한 태양 에너지를 온전히 모으고 가둬두는 기술이 아직 부족할 뿐이지요.

태양열발전은 태양열로 물을 끓여 증기를 이용해서 전기를 만드는 것이고, 태양광발전은 태양광을 태양 전지판에 흡수시켜 전기를 생산하는 것입니다. 태양광발전은 요즘 아파트 베란다에 종종 설치하곤 하는 태양 전지판을 이용하는 방식입니다. 소형이지만 태양이 보낸 빛과 열을 전기 형태로 바꿔주는 나름의 '발전 설비'입니다. 이렇게 뿌듯하게 말할 수 있겠네요. 내가 쓸 전기는 내가 만들어 쓴다.

제주도나 서해에 가면 거대한 바람개비 같은 풍력발전기가 솟아 있는 모습을 볼 수 있습니다. 바람의 양이 세야 하고 풍력발전 시설을 세울 만한 넉넉한 공간이 필요하기 때문에

인류는 태양력 하나만 잘 활용해도 지구상에 필요한
모든 에너지를 쓰고도 남습니다.

주로 바닷가에 설치되어 있습니다. 해상풍력은 바다 한가운데 설치합니다. 회전 날개가 천천히 뱅글뱅글 돌 때마다 전기가 차곡차곡 쌓인다고 생각하니 신기하지요.

풍력발전은 큰 시설 투자가 필요해서 정부나 기업의 몫이지만 개인에게 이익을 주는 방식으로 운영되기도 합니다. 예를 들어 독일의 농부가 감자와 돼지를 키우고 남는 땅에 풍력 회사가 풍력발전기를 설치합니다. 그렇게 만든 전기로 농장 전기를 충당하고, 남는 전기는 풍력회사에 팔 수 있습니다. 노는 땅을 활용해 필요한 전기를 생산해서 쓰고, 남는 전기는 팔아서 수입을 얻을 수 있다니 꿩 먹고 알 먹고 털로 베개 만드는 셈이지요.

우리나라와 마찬가지로 에너지 빈국인 덴마크는 2050년까지 100퍼센트 신재생에너지를 실현할 계획입니다. 바람이 풍부한 자연 조건의 특성을 살려 해상풍력 산업을 키운 것이 그 자신감의 배경입니다.

신재생에너지는 인류에게 가장 이상적인 꿈의 에너지인 것은 분명합니다. 각자 속도는 다르지만 모두가 신재생에너지로 발걸음을 떼고 있습니다. 그런데 현실적인 어려움이 많습니다. 독일의 사례를 살펴볼까요. 2005년부터 2021년까지 16년이나 독일 총리를 지낸 앙겔라 메르켈의 별명은 '환경총리'입니다. 독일은 전기 생산을 다변화하면서 태양, 풍력 같은 재생에너지 비율을 11퍼센트에서 50퍼센트까지 늘렸습니다. 하지만 여러 한계와 어려움에 부딪히기도 했습니다.

우선 태양광, 풍력, 수력 같은 재생에너지 생산은 시간, 계절 등 여러 가변적인 환경의 영향을 많이 받습니다. 원자력, 수력, 바이오매스(식물, 동물, 미생물 등 생태계의 순환 과정을 구성하는 유기체)와 같이 구름이 끼든, 바람이 불지 않든 통제 가능한 에너지원이 필요하지요.

그런데 독일에는 수력발전에 필요한 강이나 산이 부족합니다. 또 바이오매스는 곡물을 식량이 아닌 에너지 땔감용으로 생산하는 데서 오는 문제가 있습니다. 원자력은 후쿠시마 사태 이후 방출 1순위가 되었습니다. 결국 독일은 신재생에너지 부족분을 때우기 위해 석탄과 가스에 의존해야 했습니다. 문제는 또 있습니다. 전기는 문제의 일부일 뿐입니다. 총 에너지 사용량의 21퍼센트만이 전기 생산에 쓰입니다. 난방과 자동차, 산업용 용광로 등에는 여전히 석탄, 석유, 가스가 사용되고 있습니다.

이것은 독일만의 문제가 아닙니다. 태양력과 풍력은 기후, 시간대에 따라 불규칙해서 보완책이 없으면 에너지 수급에 차질을 빚습니다. 또 지리적 조건으로 태양과 바람이 부족한 나라가 있습니다. 신재생만으로 필요한 전력을 생산하지 못하면 화석연료를 다시 찾을 수도 있습니다.

 ## 과제는 신재생에너지를 활용할 인류의 기술입니다

신재생에너지의 전력 생산 단가가 아직은 화력, 원자력보다 비싼 것도 문제입니다. 특히 개발도상국들은 더 싸게 전력을 생산할 수 있는 석탄화력발전소에 의존하는 비중이 큽니다. 야심차게 신재생에너지로 바꾸겠다고 선언한 나라들 중에서도 에너지 가격이 치솟자 안정적인 전력 공급을 위해 화석연료를 완전히 버릴 수 없다는 쪽으로 전환하려는 분위기도 있습니다.

150년 넘게 지속된 화석 에너지 의존을 줄이고 마침내 거의 0으로 만들어 에너지 전환을 이루는 것은 물론 어렵습니다. 시간이 상당히 걸리는 일이지요. 기후 위기 해결을 생각하면 주어진 시간은 많지 않습니다. 하지만 인류는 기술 혁신을 만드는 데 강합니다. 당장은 비싸더라도 신재생에너지 산업과 기술을 키우면 언젠가 화력, 원자력보다 더 싸게 전기를 만들 수도 있습니다.

국제에너지기구IEA의 발표에 따르면 우리나라 신재생에너지 발전 비중(2020년 기준)은 OECD 37개 국가 가운데 꼴찌입니다. 현재 대부분의 선진국은 신재생에너지 비중을 더 빠르게 확대하려고 노력하고 있습니다. IEA의 전망치로는 2025년 전력 생산량에서 신재생에너지가 전력 생산을 압도할 것으로 보고 있습니다. 자타공인 기술 강국인 대한민국은 신재생에너지에 필요한 기술도 상당 수준 보유하고 있습니다. 마음먹고 달려들면 잘 해낼 수 있는 나라이지요. 신재생에너지의 꼴찌 국가로 남을지 선도그룹을 향해 달려 나갈지 앞으로가 중요합니다.

민주주의

 민주주의가 실종될 때 벌어지는 일

    북한의 정치범 수용소나 나치의 유대인 수용소와 비슷한 것이 1980년대 우리나라에 있었다면 믿어지나요? 부산 형제 복지원이 바로 그곳입니다. 복지 시설 간판을 달고 있었지만 인권이 증발한 강제 노동 수용소 같은 곳이었습니다. 아무 죄 없는 걸인, 노숙자뿐 아니라 멀쩡한 행인들까지 강제로 끌려 와 수용되었습니다.

    형제복지원의 수용자는 3000명 정도 되었고, 이 중에는 예닐곱 살짜리 아이들도 있었습니다. 수용자들은 강제 노동과 구타를 당하고 병이 들어 죽어갔습니다. 1975~1987년까지 12년 동안 형제복지원에서 목숨을 잃은 사람은 공식적으로 밝혀진 것만 657명에 달합니다. 후에 이 사건이 드러난 뒤에도 이곳의 원장과 책임자들은 제대로 처벌을 받지 않았고, 도리어 정부 권력의 비호를 받았습니다. 진실·화해를 위한 과거사정리위원회는 이 형제복지원 사건을 국가 폭력에 의한 인권 침해 사건으로 규정했습니다.

형제복지원 사건은 민주주의가 실종되면 어떤 일이 벌어질 수 있는지를 보여줍니다. 정부나 대통령을 비판하고 민주주의 운동을 했다는 이유로 고문실에 끌려가던 시절이었지요. 군사독재를 끝내기 위한 민주화 운동에 나선 학생과 시민들은 이렇게 말했습니다. "고문 없는 세상에서 살고 싶다." 한 번에 모든 것을 성취한 것은 아니더라도 우리는 대통령 직선제, 언론 자유, 고문 금지 같은 민주주의의 원칙들을 조금씩 찾아왔습니다.

민주주의에 무슨 국제 표준이 있지는 않습니다. 민주주의에 대한 정의, 해석, 실행 방법은 여러 가지가 있겠지요. 그렇다 하더라도 조선민주주의인민공화국을 민주주의 국가로 인정하는 사람이 없는 것을 보면 모두가 인식하는 민주주의의 공통 속성이 있습니다.

민주주의는 일방적인 구속이나 통제가 아니라 스스로 통치하는 사회를 의미합니다. 내 삶에 영향을 미치는 일은 자율적으로 의사를 결정합니다. 우리의 삶을 지배하는 것은 운명과 섭리가 아니고, 누군가 사람이 내린 결정이고 정치적 행위의 결과입니다. 오늘날 대부분 나라가 채택한 간접민주주의의 경우 대리인을 선거로 선출해서 통치 행위를 합니다. 대신 모든 구성원은 권력을 감시, 비판하고 반대할 자유를 누립니다.

　　또 권력을 멋대로 휘두르며 남용하고 독재로 타락하는 것을 막기 위해 삼권분립, 언론 같은 견제 장치가 있습니다. 국민의 권력을 위임받은 지도자는 물리력과 압수수색이 아니라 대화와 토론으로 서로 이해가 다른 이들의 갈등을 해결합니다. 물론 이런 고차원의 활동을 누구나 잘할 수 있는 것은 아닙니다.

　　민주주의를 부정하는 사람은 많지 않습니다. 최소한 겉으로는 민주주의를 반대하지 않지요. 독재자 혼자 다 결정하고 모조리 다 해먹는 사회를 좋아하는 사람은 없기 때문입니다. 실제 그러한 사회라 해도 절대 그렇다고 인정하지 않고 민주주의 간판을 달아놓습니다. 민주주의의 핵심 가치인 '시민이 주인이 되는 사회'는 그만큼 매력적이고 인간 본성에 부합하는 체제라 할 수 있습니다.

민주주의도 다 같은 민주주의가 아니고 성숙도가 다릅니다. 그래서 내신점수처럼 등급이나 순위를 매기기도 해요. 스웨덴의 정치연구소인 브이뎀V-Dem은 민주주의 원칙이 얼마나 잘 지켜지는지 측정해서 179개국을 10개 그룹으로 분류하고 순위를 발표합니다. 우리나라는 2018~2021년까지 1그룹(17위)에 속한 민주주의 선진국이었습니다. 2022년 5월 이후 2그룹(28위)으로 밀려났습니다.

시기에 따라 민주주의의 실현 정도가 들쭉날쭉하다는 점에서 생각해볼 문제가 있습니다. 막강한 대통령제에서는 지도자의 실력과 성향에 따라 나라의 향방이 연속성을 잃고 크게 바뀌며 민주주의를 보장하는 수준이 바뀐다는 것입니다. 여러 나라들의 예를 통해서 보면, 대통령 한 명 바뀌었을 뿐인데 국제환경협약을 부정하고 언론 자유나 민주주의의 가치를 훼손하기도 합니다. 권력을 비꼬고 풍자한 예술가들을 블랙리스트에 올려 생계를 어렵게 만드는 치졸한 행위도 합니다. 지도자의 무지와 왜곡된 시각 때문에 역사적 판단을 제멋대로 되돌리는 일도 합니다. 대의 민주주의의 한계입니다.

　민주주의의 위기를 드러내는 문제는 또 있습니다. 보수 대 진보의 양당 독식 체제입니다. 나라의 모든 문제가 거대 양당의 입장에 따라 이분법으로 나타납니다. 물론 중국, 북한의 일당 독재보다는 낫지만 보다 다양한 의견이 경쟁하는 정치가 이루어지기 어렵습니다. 또 일부 정치인들은 정책 경쟁보다 편 가르기만 해서 표를 쉽게 얻을 생각만 합니다.

　민주주의는 제도적으로 갖춰졌다고 끝이 아닙니다. 끊임없이 점검하고 개선하고 문제가 있으면 수정해야 합니다. 한밤중에 정보기관에서 사람을 잡아들여서 고문하는 일은 오늘날 없습니다. 하지만 방심하면 민주주의를 좀먹는 과거의 나쁜 습관들을 얼마든지 불러올 수 있습니다. 다행히 현시대의 민주 시민들은 의식 수준도 높고, 권력을 감시하고 의견을 결집하며 행동에 나서게 하는 온라인 통신망과 장비들이 무기가 되어줍니다.

　민주주의의 제도적인 정비도 필요합니다. 예를 들면 국민소환제 같은 것을 고려해볼 수 있습니다. 불량 상품을 산 소비자가 구입처에 민원을 하면 교체나 환불을 해줍니다. 능력과 자격이 현저히 모자라고 범법을 저지른 선출직 정치인도 임기 전에 집으로 돌려보낼 수 있어야 하지 않을까요?

아마르티아 센은 민주주의와 기근의 관계를 연구해 노벨 경제학상을 받은 인도의 경제학자입니다. 그는 세계 역사상 민주주의가 작동하는 곳에서는 기근이 일어나지 않았다고 주장합니다. 왜냐하면 민주 정부는 선거에서 이겨야 하고, 그러기 위해선 대중의 비판을 의식하고 올바른 정치를 해야 하기 때문에 기근이나 다른 재난을 막기 위해 노력한다는 것입니다. 기근이 벌어진다면 그 책임을 지도층과 정치 지도자에게 돌리게 되어 있습니다. 반면에 독재 정부는 선거도 없고 야당도 없고 공개 비판도 없기 때문에 권력자는 기근을 막지 못한 실패에 대해 정치적으로 책임질 이유가 없지요.

한 예로서 센은 1983~1985년 에티오피아에서 100만 명의 아사자가 나왔던 참상의 원인을 분석합니다. 당시 에티오피아에서는 일부 가뭄이 있었지만 곡물 생산량은 전국적인 기근을 일으킬 정도가 아니었습니다. 하지만 멩기스투 하일레마리암 대통령은 국민총생산의 46퍼센트를 군사비에 지출하고, 반군이 활동하는 지역의 주민을 굶어 죽게 방치했습니다. 구호물자도 전쟁에 사용하고 농작물을 불태우는 만행을 저지릅니다. 센의 이론에 따르면, 당시 에티오피아가 민주 정부였다면 유권자인 시민들의 뜻을 받들어 식량을 올바르게 배분

했을 것이고, 그렇게 엄청난 아사자가 나올 리가 없었다고 합니다.

아마르티아 센의 이론을 현재의 관점에서 응용해 볼까요. '민주주의가 더 고도화되고 성숙한 곳에서는 경제적 불평등이 더 작아진다'는 어떨까요? 지난 역사에서 민주주의와 자본주의는 서로 협력하며 발전하기도 했습니다. 경제적 성과를 이루어감에 따라 민주주의와 더 많은 자유를 요구해서 쟁취하고는 했지요. 하지만 현재 민주주의는 자본주의와 긴장 관계에 있습니다. 프랑스 경제학자 토마 피케티는 경제적 불평등이 커지면서 민주주의에 위협이 된다고 말합니다. 자본의 힘이 너무 강력해져서 법과 제도에 영향을 주고 분배를 왜곡한다는 것이지요.

흔히 정치를 한정된 자원을 공정하게 배분하는 일이라고 정의합니다. 그렇다면 정치 체제로서 민주주의는 자원을 민주적으로 공정하게 분배하는 방식입니다. 그 과정에서 불평등을 개선하고 소외되는 사람이 없게 합니다. 자본주의는 평등하고 공정한 시장 경쟁을 통해 자원을 배분하기로 합의했습니다. 그런데 자본주의가 심화되면서 경제적 불평등이 심해지고 정치적 평등마저 약화됩니다. 부를 소유한 집단이 막강한 경제력을 기반으로 한 힘으로 정치, 제도, 법률을 자신들 부의 축적에 유리하도록 이끌어갑니다. 양극화와 불평등은 더욱 심해지고 민주주의를 위협합니다.

자유시장경제에서 지나친 부의 쏠림, 불평등, 빈부 격차를 줄이자는 것이 경제 민주화입니다. 경제 민주화는 우리나라 헌법에 담겨 있는 내용입니다. 대기업의 독식과 지나친 빈부 격차를 막고 경제적 약자를 보호해서 부가 국민에게 고루 나누어지는 것을 뜻합니다. 앞으로 더 고도화되고 발전할 민주주의의 모습은 바로 경제적 불평등을 풀고 경제적 분배가 잘된 사회일 것입니다.

민주주의의 목표와 과제

미국 드라마처럼 요즘 한국 드라마도 시즌 1, 2, 3과 같은 식으로 이어집니다. 민주주의의 목표와 과제를 시즌별 구분으로 따져보겠습니다.

우선 시즌 1에서 우리나라 국민은 독재와 압제에 시달립니다. 어느 날 실정을 거듭하는 왕정이나 독재자(대개 나쁜 놈, 이상한 놈, 탐욕스런 놈)를 몰아냅니다. 시즌 2에서 정당정치와 선거 같은 절차적 민주주의를 회복합니다. 온갖 좌충우돌이 벌어지고 대통령(이상한 놈)이 나타나 나라가 거꾸로 가기도 하지만 인권과 시민의식이 무르익습니다. 시즌 3에서 경제 민주화가 추진됩니다. 그 내용은 부의 독점과 불공정 문제를 해소하고 불평등을 완화하는 것입니다. 정치뿐 아니라 경제에서도 민주주의가 이루어집니다.

민주주의 시즌 4에서는 국민주권이 더 강화되는 방식으로 진화해야 할 것 같습니다. 어떤 나라를 만들 것인지에 대한 결정을 주권자인 국민이 할 수 있어야 합니다. 그러기 위해서 지도자 리스크를 줄이는 일도 중요합니다. 민주주의 사회에서는 때로 일반 시민의 상식에도 못 미치는 사람이 얼마든지 대통령, 총리, 국회의원이 될 수 있습니다.

어느 지도자가 모자란 지식과 비뚤어진 의지로 나라의 운명을 결정하고 수십 년 뒤까지 영향을 미칠 중요한 결정을 하려 한다면 국민은 어떻게 견제해야 할까요? 나라 일을 하라고 준 권력으로 사리사욕을 채우는 국회의원을 임기가 끝날 때까지 기다려줘야 할까요? 시즌 4에는 그런 정치인들을 집으로 보내는 리콜 제도가 등장해야 할 것 같습니다.

대의민주주의의 원칙은 국민 의사를 반영하는 것입니다. 유권자는 민의에 충실한 정부를 선출해 자기들의 뜻을 대변하게 합니다. 그런데 유권자 다수는 노동자입니다. 그렇다면 노동 환경을 개선해서 노동자가 살기 좋은 세상을 만드는 것이 대의민주주의의 실현이라고 볼 수 있습니다. 자본가도 열심히 자기 노력의 대가를 받아야 합니다. 노동자는 더 나은 환경에서 일하며 자기 삶을 꾸려 나갈 수 있어야 합니다. 노동자가 더 대우받고 행복한 세상, 민주주의 시즌 4입니다.

민족주의

저항적 민족주의와 배타적 민족주의

민족이란 무엇일까요? 쉬운 말 같지만 범위가 넓고 의미가 복잡합니다. 학자들마다 조금씩 다른 정의와 해석을 내놓고 있고요. 한국인들이 보통 생각하는 민족은 혈연, 문화, 언어 동질성을 지닌 집단입니다. 하지만 미국이나 캐나다처럼 하나의 소속감, 일체감, 정체성을 띤 공동체로 인식하기도 합니다.

민족을 정의하기가 어렵기 때문에 내셔널리즘Nationalism을 번역한 민족주의란 말도 그 정의가 간단하지 않습니다. 민족주의에 대한 다양한 정의 중 하나는 어느 집단이 하나의 공동체로서 정체성을 갖고, 민족에 대한 충성이나 헌신을 개인이나 다른 집단의 이익보다 앞세우는 신념입니다. 이렇게 정의하면 민족주의는 그런 말과 개념이 없었을 때에도 분명 존재했던 것 같습니다. 북방의 여진, 거란, 몽골이나 왜구가 우리나라를 침략했을 때 조상들은 목숨을 바쳐서 저항하고 우리 땅을 지켜냈습니다. 현대적 의미와는 조금 다를지 몰라도 그 역시 민족주의적 동기라고 할 수 있습니다.

20세기 식민제국 시대에는 저항 민족주의가 등장합니다. 민족주의 이름 아래 똘똘 뭉쳐 외세에 저항해서 독립을 쟁취하고자 싸운 것이지요. 피식민지의 고통을 겪던 민족에게 식민지 해방과 독립은 최상의 가치였습니다. 공산주의, 사회주의, 무정부주의 등 독립 쟁취를 위한 노선은 각기 달랐어도 민족을 최상의 가치로 여겼다는 점에서 민족 해방 투사들은 차이가 없었습니다. 김구, 안중근, 윤봉길 의사 그리고 이름 없는 무수한 독립투사들은 모두 위대한 민족주의자였습니다. 우리는 그들의 삶을 기리고 그들의 희생을 숭고한 것으로 기억합니다.

오늘날 우리가 나라를 구하기 위해 만주벌판에 갈 일은 없습니다. 조국이나 민족을 위해 목숨을 버린다는 것은 조금 낯선 생각입니다. 하지만 민족을 위한 희생은 시대가 어수선하고 민족의 앞날에 먹구름이 끼면 또 다른 형태로 나타납니다. 많은 평범한 이들이 나라를 지키겠다고 들풀처럼 일어서는 게 역사에서 경험한 일입니다. 삼겹살 동호회, 조기 축구회, 9급 공무원 스터디 모임을 위해서 자기 목숨을 버리는 사람은 없습니다. 하지만 나라를 위해 나를 버리는 건 가치가 있는 죽음이라고 생각합니다.

이처럼 민족주의는 저항과 독립의 정신적 토대가 됩니다. 하지만 이런 감정이 극단으로 치우치면 다른 민족에 대한 차별, 배척, 억압, 폭력, 그리고 전쟁으로 이어지기도 합니다. 내부의 불만을 해소하기 위해 그 사회의 가장 약자인 소수 민족을 공격하는 일은 역사에 빈번히 일어났습니다. 몇 가지 사례만 볼까요.

흑사병이 창궐하던 14세기에 공포에 떨던 유럽인들은 유대인이 우물에 독을 탔다며 유대인을 무수히 학살했습니다. 1923년 일본 관동에 대지진이 일어난 뒤 사회가 혼돈에 빠졌을 때 조선인이 폭동을 일으켰다는 가짜 뉴스와 선동으로 6000명 이상의 조선인들이 잔인하게 살해되었습니다. 역사는 반복된다더니 이때도 조선인들이 우물에 독을 탔다는 괴담이 퍼졌습니다. 다른 민족을 박해의 희생양으로 삼는 것은 사회를 도덕적으로 파멸시키는 가장 빠른 방법이었습니다.

민족주의에 인종주의, 전체주의가 결합하면 나치즘, 파시 즘 같은 괴물이 탄생합니다. 사람들의 마음 한구석에는 나와 다른 집단에 대한 차별, 증오, 공포, 불안 같은 심리가 웅크리고 있습니다. 그리고 나와 다른 누군가를 차별하고 억압하면서 나 스스로는 안정감을 얻는 저열한 심리가 있어요. 전체주의 정치 지도자들은 이런 감정을 이용하는 법을 알고 있습니다.

자기 민족이 가장 우월하고 특별하다는 생각은 '열등한 민족'을 차별하거나 추방, 학살하는 근거가 되었습니다. 이러 한 극단적인 민족주의는 침략 전쟁을 정당화하고 국민을 결 집시켜 전쟁의 소모품으로 동원하기 위한 손쉬운 방법입니 다. 이처럼 민족주의의 이름으로 벌어진 광기, 살육, 전쟁은 우리에게 민족주의의 가치를 회의하고 의심하게 만들기도 합 니다.

21세기에도 자기 나라가 무조건 가장 우수하다고 믿는 국수주의와 민족 우월주의가 몇몇 나라에 남아 있습니다. 이 편협한 민족주의는 자기 나라 역사, 문화가 가장 우수하다거 나 가장 우수한 것은 (이웃나라의 것일지라도) 우리 것이어야만 한다는 강박으로 뭉쳐 있습니다. 이슬람 극단주의자들이 물불 가리지 않고 '알라후 아크바르(알라는 위대하시다)!'라고 외치 듯, 자기 나라가 덮어놓고 최고이고 절대선이라고 외칩니다.

촌스러우면서도 걱정스럽게 만드는 태도입니다. 성숙한 시민이라면 자기 민족을 조금이나마 객관적으로 보려 애쓰고 정면으로 비판할 수 있어야 합니다.

민족을 최상의 가치로 여기고 목숨까지 버린 사람들이나 민족주의를 정치적 목적에 이용한 독재자들 모두 민족을 어떤 필연적인 운명처럼 여겼습니다. 하지만 많은 학자들은 민족이 만들어지고 개발된 개념이라는 데 동의합니다.

 '민족'은 절대 불멸의 실체가 아닌, 관념에 가까운 것입니다

미국의 학자 베네딕트 앤더슨은 『상상의 공동체』(1983)라는 책에서 '민족주의는 근대 국가의 시민들 사이에서 상상으로 만든 공동체를 이루어낸 국가의 기원에 관한 이야기이다'라고 주장했습니다. 서구에서 민족은 18세기 계몽 시대, 시민혁명 시대에 왕권신수설이 사라지면서 생겨난 개념입니다. 전제 왕조가 사라지고 난 뒤 사람들을 하나의 공동체로 묶어주는 민족이라는 관념이 필요했습니다. 여러 나라로 쪼개져 있던 독일과 이탈리아는 민족주의 깃발 아래 언어, 국경을 통일하면서 서서히 하나의 나라로 세워졌습니다. 이 관점에서 보면 민족이라는 실체가 있어서 민족주의가 생겼다기보다는 국가를 세우고 통일하는 과정에서 사람들을 결집하기 위해 민족주의가 생기고, 그 결과물로 민족이 만들어진 것으로 볼 수도 있습니다.

민족은 더 나뉘지 않는 원자 같은 것이 아닙니다. 하나의 민족을 보더라도 인종, 언어, 문화, 종교가 다채로운 것을 볼 수 있습니다. 한국은 비교적 동질성이 높은 사회지만 그렇다고 5000만 명에 이르는 개별 한국인의 정체성과 나의 정체성이 일치하는 것은 아닙니다. 한국인 고유의 정체성으로 묶을 만한 점이 분명 있지만 각 개인의 개성보다는 훨씬 작지요.

반면에 같은 지리적 공간에 산다거나 같은 언어와 종교, 문화적 전통을 공유한다고 해서 저절로 생겨나는 결과도 아닙니다. 민족은 사람들이 자신을 그것과 동일시할 때 관념 속에서 실체가 됩니다. 결국 민족이란 어떤 절대 불멸, 확고부동한 실체라기보다 관념에 가까운 것입니다.

거대한 14억 인구의 나라 중국은 다민족 국가입니다. 위구르족의 분리 독립 운동, 티베트와의 갈등, 대만의 분리주의는 중국 정부에 부담이 되는 문제입니다. 국가 통합을 위해 새로운 국가 정체성이 필요하다고 생각한 중국 공산당은 '중화민족'이라는 개념을 만들었습니다. 중화민족은 한족과 55개 소수민족을 포함한 56개 민족으로 구성된 하나의 민족이라는 뜻입니다.

하나의 민족이 정치적인 의도로 만들어지는 것은 충분히 가능합니다. 56개가 아니라 560개 종족이라도 하나의 민족으로 만들어 그렇게 부르고, 그 구성원들이 그렇게 인식한다면 새로운 민족은 탄생할 수 있습니다. 민족의 이름으로 아주 느슨한 연합이나 공동체가 하나의 집단으로 결집합니다.

누군가는 이렇게 생각하겠지요. 그런 식이라면 전 세계도 하나의 민족으로 만들 수 있을까? 전 세계를 하나의 민족은 아니지만 하나의 시민으로 묶는 것에 대해 생각한 사람들이 있습니다. 고대 그리스 철학자 디오게네스는 이미 기원전 350년에 세계시민주의를 주장했습니다. 전 세계인이 세계의 시민이고 하나의 동포라는 믿음입니다.

현대에도 서로 다른 민족마다 자기 정체성과 이익을 추구하기보다 국가나 민족을 초월해서 뭉치자고 말하는 사람들이 있습니다. 지난 역사에서 민족주의는 다른 민족에 대한 차별과 억압, 전쟁, 학살을 부추기거나 정당화하는 데 자주 활용되었습니다. 이제 그런 민족주의를 극복하고 긴밀한 세계 통합을 추구해야 하는 시대가 왔습니다. 세계시민주의는 그 밑바탕이 되는 정서라고 할 수 있습니다. 우리는 자기 정체성을 한국인, 동양인, 아시아인을 넘어서 세계시민, 인간이라는 종까지 확대할 수 있어요.

💡 인류 전체의 연대가 필요합니다

　민족주의를 거부하고 인류 전체가 연대하자는 생각은 너무 이상적이지만 지금 시대에 필요한 생각이기도 합니다. 환경, 전쟁, 핵, 빈곤 등 함께 머리를 맞대고 해결해야 할 과제가 많기 때문이지요. 이 과제들은 하나의 국가, 민족으로서는 온전히 해결할 수 없습니다.

　문제는 아직까지 국가 단위의 경제를 벗어나지 못한 세계가 경제민족주의에 몰두하고 있다는 사실입니다. 아무리 좋은 대의명분이 있더라도 먹고사는 문제를 이기지 못하는 때가 있습니다. 세계는 국경이나 장벽이 없는 자유무역을 추진하면서도, 자국 이익 중심으로 국가의 개입을 포기하지 않고 있습니다. 오늘날 민족주의 전사는 말을 타고 적을 치러 평야를 가로지르지 않습니다. 대신에 반도체 시장에서 전쟁을 하고 자동차 점유율을 놓고 전투를 벌입니다. 물리적인 영토 전쟁 대신에 시장 영토를 확장하는 절체절명의 임무를 위해 싸웁니다. 경제민족주의의 한판 승부입니다.

　세계는 무역 경쟁뿐 아니라 자원, 식량, 에너지를 놓고 나

192

라들끼리 치열한 경쟁이 벌어지고 있지요. 그러다 보니 기술 민족주의도 나타납니다. 국가가 보유한 핵심 기술을 남이 못 가져가게 보호하고, 국제적 기술 표준을 자국 중심 기술로 하고자 하는 태도입니다. 활발한 인적 교류로 인종적인 민족주의는 약해질지 모르지만 이러한 경제민족주의는 분쟁과 갈등의 불씨를 남기며 계속 퍼져 나가고 있습니다. 세계시민주의로 가는 길은 아직 멀어 보입니다.

우리나라는 아직까지도 혈연에 기초한 민족주의가 강한 편입니다. 단일민족이라는 오랜 믿음에 사실상 섬나라처럼 살아왔고 외국인에게 배타적인 편견을 갖는 일이 많았습니다. 현재 우리나라는 본격적인 다문화 사회로 진입하고 있습니다. 게다가 인구 감소로 앞으로 더 많은 이민자를 받아들여야 하는 상황이라 민족주의에 대한 중대한 수정이 필요합니다. 한민족이란 누구일까요? 누구를 한국인으로 정의할 수 있을까요? 민족주의는 아직도 힘이 셉니다.

기후 변화

💡 전 지구적 문제, 기후 변화

역사를 돌이켜보면 인류를 사로잡는 시대적 과제가 늘 있었습니다. 산업화, 파시즘, 사회주의, 냉전, 민주화, 경제 발전, 국제화, 불평등 해소 등을 떠올릴 수 있습니다. 지금 2020년대의 화두는 기후 변화입니다. 기후 변화가 심각해서 지구 문명이 붕괴할 지경이라는 경고가 나옵니다. 이런 상황에서 개발, 경제 성장, 그 외 어떤 과제도 환경 문제보다 우선할 수 없습니다.

1970년대만 해도 주요 환경 이슈는 유조선의 원유 유출 같은 해양오염, 대기오염, 핵무기와 방사능 문제 등이었습니다. 환경 운동의 중심은 주로 미국, 캐나다, 서유럽의 환경 단체들이었습니다. 환경 운동은 환경 운동가들의 일이라고 인식할 정도였지요. 하지만 환경 문제는 국경을 넘어 벌어졌습니다. 1972년 유엔인간환경회의(스톡홀름 회의)에서 환경 문제를 다루기 위해서는 국가들 간의 다자 노력이 필요하다는 인식이 생겨났습니다.

그리고 20년이 지난 1992년 리오 지구정상회의 이후로 환경 보호, 특히 기후 변화를 막는 것은 전 지구적인 합의 사항이 되었습니다. 여기서 유엔기후변화협약UNFCCC이 채택되었습니다. 1995년 이후로 유엔기후변화협약은 기후 변화에 어떻게 대응할 것인지를 놓고 매년 당사국 회의COP를 열고 있습니다. 유엔 198개국 대표가 모여 기후 변화 대응을 논의하는 회의입니다. 이 회의를 통해 지구 온도가 올라간 것은 대체로 산업화로 인한 이산화탄소 등의 온실가스 배출 때문이라는 과학적 근거가 제시되었습니다.

지구 대기층은 유리 온실 같은 역할을 합니다. 태양빛의 일부는 통과해서 땅에 도달하고 태양빛과 열을 복사해 우주로 다시 보냅니다. 적당한 열을 대기권에 가두어두는 것을 온실 효과라고 합니다. 온실 효과를 만드는 기체는 대표적으로 이산화탄소, 수증기, 메탄이에요. 온실 효과 자체는 꼭 필요합니다. 온실 효과가 없었으면 지구는 완전 꽁꽁 얼었다가 펄펄 끓는 식으로 살 만한 곳이 못 되지요. 그런데 산업화 이후 이산화탄소가 너무 방출되어 지구가 뜨거워지고 있는 게 문제입니다.

유엔기후변화협약에는 중요한 두 가지 합의가 있습니다. 그 첫 번째가 1997년 선진국들이 온실가스 감축에 나서기로 약속한 기후변화협약인 교토의정서입니다. 선진국의 온실가스 배출량을 1990년보다 5.2퍼센트 줄이기로 결의했습니다.

2005년 교토의정서가 발효되었지만 미국의 조지 부시 대통령이 비준을 거부함으로써 찬물을 끼얹었습니다. 중국과 인도가 의무 감축 대상이 아니고 선진국만 감축하면 경제적 손실이 크다는 이유였습니다. 가장 많은 온실가스를 뿜어내고 있고 국제사회의 리더를 자처하는 미국이 앞장서도 모자랄 판에 혼자 뛰쳐나가 버린 것이지요.

미국의 석탄산업, 석유 재벌은 온난화를 부정했고 그런 주장을 펼치는 과학 연구를 지원했습니다. 지원을 받은 연구자들은 인간 활동 때문이 아니라 주기적인 기후 변화로 온난화 발생했다고 주장했습니다. 결국 2014년에 이르러서 세계 1, 2위 온실가스 배출국인 중국과 미국이 감축에 합의했습니다.

2016년에는 파리기후변화협약이 채택되었습니다. 교토의정서를 대체하는 기후변화협약이었지요. 교토의정서는 선진국들의 의무를 정했지만 파리협약은 모든 국가가 온실가스 감축에 나서기로 한 합의입니다. 기후 변화 상황이 그만큼 심각하고 남은 시간이 없다는 의미였습니다. 이 협약의 목표는 지구 온도 상승을 산업화 이전보다 1.5~2도 이하로 막는 것이었습니다.

여기서 산업화 이전이란 1850~1900년 사이를 말합니다. 산업화 이후 2조 톤의 이산화탄소 기체가 지구에 쏟아졌습니다. 2015년 영국 기상청은 전 지구적인 지표면 평균 온도가 처음으로 산업화 이전보다 1도 올라갔다고 말했습니다. 그러니까 파리협약의 목표를 달성하려면 지구 온도 상승을 앞으로 최대 0.5도까지만 허용하고 멈추어야 합니다. 전 지구가 똘똘 뭉쳐 그 저지선을 막아놓았다 하더라도 모든 게 다 해결된다는 의미는 아닙니다. 다만 최소한의 대책일 뿐이에요.

교토의정서와 달리 파리협약은 선진국을 포함한 모든 국가(195개국)가 자발적으로 온실가스 감축 목표를 정하기로 했습니다. 이번에도 미국은 다 된 밥에 재를 뿌렸습니다. 전임인 오바마 대통령이 비준한 파리협정을 후임인 트럼프 전 대통령이 탈퇴해버린 것입니다. 제조업을 되살리려면 온실가스 감축 목표가 방해된다는 게 그 이유였습니다. 하지만 이후 바이든 대통령이 당선되면서 미국은 다시 파리협정으로 돌아왔습니다.

💡 '기후 변화'에서 '기후 위기'로

기후 위기는 점차 환경 단체뿐 아니라 정부, 기업, 가정과 개인까지 모두가 관심을 쏟는 문제가 되었습니다. 이렇게 변화한 이유 가운데 하나는 2000년대 이후 기상 이변의 징후들이 우리가 피부로 느낄 정도로 심각해졌기 때문입니다. 기후 위기 대응은 누군가 해주면 좋은 일에서 모두가 해야만 하는 일이 되었습니다. 그리고 서서히 바꾸어 나갈 문제가 아니라 즉각적인 행동을 요구하는 문제로 인식됩니다. 사람들이 굶주리고, 전염병에 고통받고, 목숨을 잃어버리고, 국토를 잃어버리고, 동물들이 멸종하는 그런 문제이기 때문입니다.

파리협정은 기후 위기에 대처하는 전 지구적인 합의라는 점에서 커다란 결실입니다. RE100, 탄소 제로, 탄소 국경세 등 선진국을 중심으로 많은 나라가 탄소 배출을 줄이는 방향으로 경제, 무역, 산업, 에너지, 소비 구조를 재편하고 있습니다. 기후 위기를 막기 위한 여러 기술, 법과 제도가 세계적인 표준이 되어갑니다. 탄소 중립은 여러 정부에서 핵심 국정 과제로 추진하고 있습니다. 문제는 이것으로 아직 부족하다는 사실입니다.

과학자들은 시간이 많이 남지 않았다고 말합니다. 1.5도 이하를 달성하자면 지금보다 더 급진적이고 근본적인 변화가 필요합니다. 순차적으로 탄소 배출을 2030년까지 40퍼센트 정도 줄이고 2050년까지 탄소 제로로 만드는 것이 많은 나라의 목표입니다. 하지만 여러 장애물이 가로막고 있습니다.

가장 큰 장애물은 경제 논리입니다. 트럼프 대통령의 주장처럼 기후 변화에 대응하기 위한 탄소 감축 정책이 제조업 발전에 방해가 된다는 생각이 첫 번째입니다. 어떤 개발도상국은 전력 생산 단가가 싸지만 탄소 배출양이 엄청난 석탄화력발전소를 포기할 수 없다는 입장입니다.

기후 위기에 대한 판단이 과학이 아닌 정치적 관점으로 흐려지기도 합니다. 진보적인 정치 성향의 사람은 온난화를 우려하고 경제 성장보다 환경 보호가 중요하다고 믿는 경향이 있습니다. 보수적인 성향의 사람은 경제 성장을 더 중시합니다.

미국의 예를 들면, 진보적인 민주당은 지구 온난화를 사실로 받아들이고 비용이 들더라도 막아야 한다고 생각합니다. 공화당은 지구 온난화에 대한 우려가 과장되었으며 문제가 좀 있더라도 어차피 과학기술이 한 방에 다 해결해준다고 생각합니다. 어찌 보면 기후 위기를 대하는 관점이 정치적 정체성, 취향의 문제처럼 여겨집니다. 기후 위기는 정치가 아니라 과학적 근거로 접근할 문제인데도 말이에요.

강제성이 없다는 것도 한계입니다. 지구 환경은 공공재입니다. 지구를 보호하기 위해서는 당장 비용을 내야 하지만 혜택은 누가, 언제, 어떻게 받을지 불확실합니다. 그래서인지 기후 변화 위기에 대응한다는 원칙에는 모두 동의하면서도 의무에 구속되는 것을 싫어합니다. 파리협정의 목표를 실현하는 데는 결국 각 나라들의 자발성과 선의에 기댈 수밖에 없습니다. 미국이 교토의정서에 반대하고 파리협정에서 탈퇴했을 때에도 국제사회는 수군거리고 욕하는 것 빼고는 할 수 있는 일이 없었습니다.

지금 기후 위기는 한계치를 향해 가고 있습니다. 2010~2019년 사이 온실가스 배출은 인류 역사상 최대치였습니다. 단순히 국가들의 자발성에 맡기기에는 너무나 긴급한 상황입니다. 파리협정을 이행하는 일이 일부 국가의 변덕과 핑계로 흔들리기에는 시간이 없습니다. 매우 긴급한 상황입니다. 온실가스 배출을 즉시 그리고 큰 폭으로 줄이지 않으면 1.5도

억제는 불가능합니다.

다른 주제라면 시간을 두고 서로 토론하며 의견을 조율할수 있습니다. 하지만 기후 위기는 전 세계가 긴급하게 일치단결해서 대응해야 하는 문제입니다. 정치가 아니라 과학에 귀기울여야 합니다. 기후 변화는 단순히 기후가 따뜻해졌다는것보다 기후가 극단의 모습을 보이면서 원래의 기후와 다르게 바뀌고 있음을 뜻합니다. '기후 변화'라는 말은 점차 '기후위기'로 명칭이 바뀌었습니다. 위기 그것도 아주 긴급한 위기라는 것을 많은 과학자들이 강조하고 있습니다. 과학자의 말을 믿지 못하는 사람들은 우리 주변에서 벌어지고 있는 현상을 바라보면 됩니다.

2022년 서울 강남에는 115년 만의 폭우가 쏟아졌습니다. 하루 동안 381밀리미터 내렸는데 도로가 완전히 수몰되었습니다. 같은 해 독일 라인강은 바닥을 드러냈고, 미국 캘리포니아주에서는 가장 더운 사막인 데스밸리에 폭우와 홍수가덮쳤습니다. 기상과 날씨에서 100년 만의 더위, 200년 만의폭설, 심지어 300년 만의 폭우 같은 말들은 이제 낯설지 않습니다. 유럽에서는 심지어 500년 만에 최악의 폭염과 가뭄이일어났다고 보도되었습니다.

극단적으로 변덕스런 날씨가 계속됩니다. 인도 델리는 48도, 파키스탄은 50도의 살인적인 무더위를 겪었습니다. 미국 서부 지역은 산불, 동부 지역은 홍수, 북동부에는 체감온도 영하 78도라는 흡사 다른 행성 같은 기온이 관측되었습니다. 중국에도 폭염, 가뭄, 폭우가 동시에 들이닥치고 있습니다. 북극 빙하가 녹아서 사라진 지역에서는 갯벌과 흙탕물이 드러납니다. 북극이 아니라 강화도 갯벌 느낌이 물씬 납니다. 얼음이 뒤덮였던 산이 이끼로 뒤덮이고, 녹은 빙하가 폭포를 이룹니다. 빙하가 녹고 또 열에 의해 바닷물이 팽창하면서 지구 해수면이 상승합니다. 그 결과 허리케인, 폭풍, 해일은 더 자주 더 강하게 일어납니다.

이처럼 모든 사건, 지표가 위기를 가리키고 있습니다. 이 엄청난 기후 변화가 수백 년도 아니고 지난 50여 년 사이에 벌어진 것을 믿을 수가 없습니다. 이상 기후, 또는 '미친 기후'라고 표현하는 것이 더 맞는 이상 현상들은 계속 일어날 예정입니다. 많은 사람은 기상 이변이 '이변'이라는 말과 달리 뉴노멀New Normal(시대 변화로 새롭게 생긴 기준)이라고 말할 정도입니다. 마치 지구의 기후가 영화 속 악당의 대사처럼 "네가 지금까지 경험해보지 못한 것을 맛보게 해주겠다"라고 말하는 듯합니다.

비가역성이라는 말이 있습니다. 어느 시점이 지나면 그때 가서는 어떤 방법을 써도 원래 상태를 회복하지 못한다는 의미입니다. 예를 들어 건강을 위해 담배를 끊으라는 이야기를 수십 년 들었지만 무시했다가, 폐암 말기에 이르면 그때 가서는 아무것도 되돌릴 수 없습니다. 티핑 포인트tipping point라는 말도 있습니다. 처음에는 변화가 서서히 일어나지만 어느 순간 폭발적인 변화가 일어나 모든 것이 한 번에 뒤집히는 지점을 말합니다. 그러고 나면 거꾸로 돌릴 수 없습니다. 모두 기후 변화를 놓고 하는 말입니다. 기온 2~3도 상승. 아직 가보지 못한 세계입니다. 어떤 재앙이 인류를 기다리고 있을지 두렵고 막막하기만 합니다.

2220년에서 타임머신을 타고 광화문에 도착한 미래의 서울 시민은 어떤 말을 할까요? 그를 붙들고 미래의 로또 번호를 알려달라고 사정하지만 대꾸하지 않습니다. 그는 이 메시지를 전달하고 다시 돌아갑니다. "2020년대는 인류에게 마지막 기회였다. 23세기 인류는 늘 말한다. 아, 2020년 그때로 돌아갈 수만 있다면…. 그 이후에 벌어질 재난은 정말 어마어마한데 시간관계상 생략하겠고. 다만 하고 싶은 말은, 기후 위

기후 변화로 인해 북극 빙하가 계속해서 녹아 사라지고 있습니다.

기를 막을 수 있는 모든 일을 지금 당장 해야 한다. 로또 번호
는⋯ 깜빡해서 적어오지 못해 미안."

과학자들은 지금이 기후 위기를 막을 마지막 기회라고 말
합니다. 여기서 기후 변화에 대한 우리의 자세를 표현하는 또
다른 영어 표현이 생각납니다. Now or Never(지금이 아니면
절대 못해). 바로 지금이 유일한 기회입니다.

불평등

 전 지구적 문제, 부의 양극화

　1퍼센트의 사람이 부의 50퍼센트를 가진 세상. 불평등한 세상이 뭐냐고 묻는다면 이렇게 간단히 정의할 수 있습니다. 국제구호단체 옥스팜에 따르면 세계 최고 부자 100여 명이 전 세계 부의 절반을 소유하고 있다고 합니다. 100명이면 대형 관광버스 두 대에 나누어 태울 수 있는 숫자밖에 되지 않는데, 전 세계 부의 절반을 가졌다니 놀라운 일입니다.

　반면에 전 세계에서 하루 2달러 이하로 생활하는 인구가 10억 명 이상이라고 합니다. 경제학자들의 논문과 통계를 보지 않더라도 이 사실만으로 세계가 얼마나 불평등한지 알 수 있지요. 부의 양극화는 전 지구적인 문제입니다. 부자 나라, 가난한 나라, 정치와 경제 체제의 차이와 상관없이 모든 나라가 겪고 있습니다.

우리나라에서 상위 10퍼센트는 하위 50퍼센트보다 자산이 열 배 많다고 합니다. 미국 최고 부자 400명의 재산은 미국 전체 인구의 절반인 1억 5000만 명의 재산을 모두 합친 것보다 많습니다. 미국 상위 1퍼센트 부자가 부의 43퍼센트를 소유하고 있습니다. 이와 비슷하게 중국에서도 상위 1퍼센트에게 부의 41퍼센트가 쏠려 있습니다. 일자리를 찾아 도시로 몰려든 중국의 저임금 농민공은 2억 명입니다.

원조 공산주의 국가였던 러시아는 1990년까지 비교적 평등한 사회였습니다. 물론 그 평등이 긴 배급 줄과 낙후한 제품을 의미했을지라도 평등하긴 했습니다. 그러나 개혁 개방 이후 러시아 국영기업 등 극소수에게 자본과 자원 소유권이 집중되었습니다. 상상을 초월하는 부자들이 출현하면서 지금은 미국과 비슷한 수준의 불평등을 겪고 있습니다.

물론 세계는 불평등하지 않았던 적이 없습니다. 불평등에 대한 기록은 기원전 3000년 전 수메르어와 고대 이집트어로 쓰인 고대 문서에도 나옵니다. 돌도끼로 사슴을 잡던 시대까지 거슬러 가도 마찬가지였을 것입니다. 모두가 평등한 세상이란 판타지 이야기에서나 찾을 수 있습니다. 문제는 이 불평등이 점점 확대되고 있다는 사실입니다.

신분 사회에서는 출생 신분과 특권이 삶의 방식을 결정했습니다. 현대 자본주의 사회에서는 불평등이 능력에 대한 보상으로 정당화됩니다. 능력주의는 사회적 지위, 부, 권력이 각 개인의 능력에 따라 주어진다는 믿음입니다. 재능, 실력, 능력의 차이에 따른 보상은 사회 정의, 평등의 원리에 상당히 부합한다고 볼 수 있습니다. 그렇게 개인의 능력 차이에 따라 보상해주는 사회를 '열린 사회', 기회가 평등한 사회라고 자부해 왔습니다

하지만 그 차이가 수백 배에 이른다면 그것 역시 정당하다고 말할 수 있을까요? 기술의 발전으로 확대된 생산성과 이익의 혜택은 소수에게 집중됩니다. 1960년대 대기업 최고 경영자가 생산 노동자보다 20~30배 많은 급여를 받았다면 현재는 300~400배를 받습니다.

성공을 이루게 한 능력이 순전히 자기 것인지, 타고난 배경에 의한 것인지가 불분명할 때가 있습니다. 가난과 부의 세습이라는 구조적 한계 때문입니다. 태어나서 눈을 뜨니 재벌집 막내아들이고, 우연히 얻어 걸린 운명이 회장님의 무남독

녀 외동딸일 수 있습니다.

　물론 '흙수저 출신' 경영자가 자기 능력으로 일구어낸 성
공도 있습니다. 그렇다 해도 복잡한 자본주의 시장 체제에서
수많은 협력사, 노동자, 소비자, 사회 인프라, 투자 환경 등과
같은 배경 없이 순전히 자기 능력만으로 다 해냈다고 말하긴
어렵습니다. 회장이나 사장이 더 받는 건 당연하지만 그게 왜
400배나 500배씩이어야 하는지는 설명이 더 필요합니다.

　다 쓰러져 껍데기만 남고 폐업 신고만 남은 회사를 탁월
한 경영자가 기절초풍할 개인기를 발휘해 혼자 야근해서 다
살려내기라도 한 것일까요? 혼자 500명분의 일을 하는 건 분
명히 아닙니다. 막중한 책임을 지는 자리이기 때문이라고도
하지만, 경영 실수로 회사가 손실을 보았을 때 개인 돈으로 물
어내는 것도 아니잖아요.

불평등의 구조적 원인

　현대 사회의 불평등에는 구조적 원인이 있습니다. 부의
획득과 분배에 영향을 끼치는 세금 정책, 사회복지, 노동 정책
같은 것은 정치적 선택의 산물입니다. 그리고 그 정치적 선택
이 부유한 사람들의 영향력에 크게 좌지우지됩니다. 법을 만

들고 집행하는 이들이 경제 권력과 가족, 친구, 파트너인 경우도 흔합니다. 이런 식으로 부유한 사람들의 정치적 힘이 커져서 경제가 더 왜곡되고 불공평하게 되는 경향을 낳을 수 있습니다.

사는 게 왜 이렇게 힘들까요? 뉴스에서 세계 경제가 불황이라고 합니다. 세계 경제 성장률이 1퍼센트에 그친다고 하네요. 그러나 세계 경제가 7~8퍼센트씩 성장할 때도 우리 삶은 어려웠습니다. 서민들이 일자리가 없고 가난한 것을 간편하게 설명하는 말은 '불경기'입니다. 이 한 단어로 모든 설명이 끝나지요.

불경기의 원인을 분석해보면 불평등인 경우도 많습니다. 서민들의 삶이 추락할 때 부자가 되고 재산이 불어나는 사람도 있습니다. 불평등은 남해에서 올라오는 태풍처럼 우리가 그저 맞고 견뎌내야 하는 것이 아니고 정치와 권리를 행사해 조금이나마 교정할 수 있습니다.

불평등을 분석하거나 비판하는 것을 없는 자들의 불만이나 저항으로 바라보는 시선도 있습니다. 하지만 불평등은 경제적인 관점에서도 중요하게 다루는 문제입니다. 예전의 경제학자들은 불평등에 대해 크게 고민하지 않았습니다. 경제적 성장이 이루어지면 더 많은 일자리와 더 많은 소득이 생길 것이므로 가난의 문제가 자연히 해결된다고 보았습니다. 국가 재정, 통화 정책을 어떻게 계획하고 운용할 것인지가 관심사였습니다. 소득 불평등은 가난한 사람들의 문제로만 보였습니다.

하지만 경제적 양극화가 구매력 감소, 소비 위축을 일으켜 경제 위기와 불황의 원인이 된다는 점에 주목하기 시작했습니다. 한마디로 물건을 열심히 생산하는데 사람들이 돈이 없어 팔리지 않고 재고만 쌓이는 것이지요. 앞으로 산업이 더 고도화, 자동화되고 인공지능을 도입해 불평등과 격차가 더 심각해진다면 경제에 더 큰 타격을 줄 수 있습니다. 그래서 어떤 경제학자들은 지속가능한 경제를 만들자면 불평등부터 완화해야 한다고 주장합니다. 부유세 등 세금과 복지와 같은 재분배 방식으로 불평등을 조정할 수 있습니다.

불평등은 사회학자들의 연구 과제이기도 합니다. 불평등이 심한 사회일수록 범죄율, 수감률, 폭력 발생 비율이 높고, 정신병 발병률도 높고, 기대 수명이 낮다는 연구 결과가 나왔습니다. 전기 담장을 두르고 경비를 세운 저택들과 빈민가가 4차선 도로를 사이에 두고 마주하는 도시들이 세계 곳곳에 있습니다. 자신이 부와 재산의 최상위에 있든, 밑바닥에 있든 그런 불안정한 세상을 원하지는 않을 것입니다.

끝으로 세계적 차원의 불평등에 대해서 살펴보려 합니다.

능력주의에 따르면 가난한 것은 전적으로 자신의 책임이라는 것입니다. 하지만 세계적 차원의 불평등으로 넘어가면 가난은 나의 선택과 통제 밖입니다. 피부색이나 머리카락 색처럼 소득도 태어난 곳에 따라 결정됩니다.

독일이나 스웨덴에 태어났다면 1인당 국내총생산 5만 달러로 살아갑니다. 모잠비크나 콩고민주공화국이라면 1000달러를 간신히 넘기는 수준입니다. 알파벳 S로 시작하는 나라 중에 '랜덤 뽑기'처럼 태어난 곳이 소말리아일 수도, 스위스일 수도 있습니다. 똑같은 재능과 잠재력을 지닌 사람이 방글라데시에서 릭샤를 끌 수도 있고, 미국에서 금융투자사 대표가 될 수도 있습니다.

아프가니스탄에 태어났다면 목숨이 붙어 살아남는 것부터가 중대한 과제입니다. 세계에서 유아 사망률이 가장 높은 이곳에서 열 명 가운데 한 명은 다섯 살을 넘기지 못하고 세상을 떠납니다. 일단 운 좋게 살아남았다면 이제 어떻게 가난을 이겨내고 삶을 꾸려가야 할지 고민해야 합니다. 가장 좋은 방법 중 하나는 교육이지만 이것 역시 출생지에 따라 격차가 벌어집니다. 한국에 태어났다면 평균 16년 정도 교육을 받지만, 니제르에 태어났다면 5년입니다. 평균이 그렇다는 것이지 아예 학교 문턱을 못 밟아본 아이들이 수두룩합니다.

100년에 한 번 나오는 천재가 소말리아 지부티의 해안 마을에 태어났다면 그것으로 삶의 질은 어느 정도 결정된 것입니다. 어부나 해적이 될 수도 있겠지만 공학자나 변호사가 되기는 어려운 것이 현실입니다. 반면에 덴마크에 태어났더라면 특출한 재능과 노력이 없어도 그럭저럭 높은 수준의 삶을 꾸려갈 수 있습니다. 소말리아에서 태어났을 때보다 소득은 40배 높고 평균 수명도 30년 가까이 더 살게 됩니다. 생각해보면 기가 막힌 일입니다. 인생이 한 번 주어졌는데 누구는 극심한 가난으로 생존 그 자체가 목적이 되고, 어떤 사람은 안락한 삶을 누립니다.

불평등을 없애는 것은 불가능합니다. 다만 불평등이 너무 커지고 극단적인 양극화가 심화되지 않도록 합리적인 수준으로 유지하고 관리하는 것이 현재로선 목표입니다. 다음 장에서 그 방법에 대해 알아보겠습니다.

양극화 해소

 경제가 성장할수록 부의 격차가 커지는 이유

2007년 세계를 강타한 금융 위기의 원인으로 탐욕스런 금융자본의 실패가 지목되었습니다. 그런데 이후 벌어진 일은 '미치고 팔짝 뛸 만한' 상황이었습니다. 금융회사들이 무리하게 이익을 챙기다 벌어진 경제 위기 때문에 가난한 서민들이 해고되고 빚더미에 오르며 고생했습니다. 2008년 미국 정부는 파산한 금융회사와 보험회사 등에 수천억 달러의 구제금융을 퍼부었습니다. 이 금융은 물론 서민들의 세금이었지요.

이렇게 살아난 금융회사들은 직원들에게 보너스 잔치를

베풀었습니다. 경제 위기 여파로 서민들은 여전히 힘겹게 살아가고 있는데 말이에요. 이런 상황에 대한 분노가 쌓여 2011년 미국에서 '월가를 점령하라' 시위가 벌어졌습니다. 이 시위에서 금융기관의 부도덕성과 빈부 격차를 비판하는 대표적인 구호가 '1대 99'였습니다. 1퍼센트의 금융 자산가가 나머지 99퍼센트를 착취한다는 의미입니다.

월가 시위 이후에도 '1대 99'로 표현되는 양극화는 개선되지 않았습니다. 도리어 더 심화되고 있는 상황입니다. 전 세계적으로 경제 규모와 생산성은 과거와 비교할 수 없을 만큼 커졌습니다. 그런데 경제가 성장할수록 부의 격차는 점점 벌어집니다. 원인이 무엇일까요?

프랑스 경제학자 토마 피케티는 "노동소득보다 자본소득의 비중이 늘어났다"고 분석했습니다. 즉, 물건이나 서비스를 생산하거나 노동을 팔아서 버는 돈보다 자본 투자로 버는 돈이 더 커졌다는 말입니다. 시간이 갈수록 자본소득을 가진 사람이 더 부유해지고 노동 소득자가 가난해지면서 불평등이 심해졌다는 것입니다. 이 추세가 지난 40년 동안 지속되었고 앞으로도 심화될 것으로 보입니다.

피케티에 따르면, 미국의 국내총생산에서 업종별 비중을 보면 1950년대에는 제조업이 28퍼센트, 금융업 11퍼센트였습니다. 그런데 2010년대에는 제조업 11퍼센트, 금융업 21퍼센트로 역전되었습니다. 이 숫자가 의미하는 것은 무엇일까요? 과거에 미국 사회는 노동력, 시장, 기업의 장기적 미래와 좋은 물건을 내다팔아 부를 늘렸습니다. 지금은 생산은 줄이고 금융기술로 돈을 굴려서 수익을 얻습니다. 에디슨이 창립한 GE조차도 돈놀이로 수익을 얻고 있고 한국 부동산에도 투자했다고 합니다.

전 세계적인 국제 금융 거래액을 보면, 금융 투자 비중이 수출입 결제 대금보다 압도적으로 높습니다. 자본주의의 형태가 바뀌었다고 볼 수 있습니다. 상품이나 서비스를 생산해 이익을 얻는 산업자본주의가 노동력과 상품 없이 투자로 이익을 얻는 금융자본주의로 전환된 것이지요. 생산 위주의 산업자본은 일자리를 늘리고 연구개발 투자를 하고 소비자에게 편익을 주는 방식으로 사회 전체에 혜택이 돌아가게 합니다.

금융자본 역시 기업이나 개인에게 필요한 자본이나 비용을 공급해주는 바람직한 역할을 합니다. 문제는 단기 차익만을 노리며 돈 넣고 돈 먹기 식의 투기에만 몰두하는 금융자본도 있다는 것입니다. 상품을 사서 이익을 붙여 판매하듯 투기자본은 회사들을 사고팔아 이익을 남깁니다. 그럼에도 그 회사의 미래 발전에는 관심이 1도 없어서 '먹튀'라는 비난을 받기도 합니다.

투기 자본은 또 전기, 수도, 의료, 교육 등 공공 서비스 부문까지 민영화해서 이익을 뽑아내려 합니다. 사회 공동체의 이익에는 역시 아랑곳하지 않습니다. 이미 여러 나라에서 민영화 이후 서비스 품질은 낮아지고 가격이 치솟은 사례가 많습니다. 금융자본이 투기에 성공해서 이익을 거두면 이는 온전히 자신들의 것입니다. 하지만 무리한 투기나 금융 상품으로 망할 위기에 처하면 정부가 공적 자금(국민의 세금)을 투입해서 되살려냅니다. 이러한 금융자본의 힘이 거대해지면서 양극화는 더 심화됩니다.

낙수 효과는 물이 아래로 떨어지는 것처럼 경제가 성장해서 대기업이나 부유층의 부가 쌓이면 부의 혜택이 가난한 사람까지 흘러내려 두루 풍요로워진다는 이론입니다. 실제로는 경제가 성장할수록 부는 소수에게 쌓이고 양극화는 더 심해지는 것으로 드러났습니다. 금융자본주의 체제에서 소수의 이익 독점은 더 강화됩니다. 2013년 프란치스코 교황은 그러한 현상을 이렇게 표현했습니다. "과거에는 유리잔이 가득 차면 흘러넘쳐 가난한 자들에게 혜택이 돌아간다는 믿음이 있었지만 지금은 유리잔이 차면 마술처럼 유리잔이 더 커져버린다."

자본소득을 줄이고 노동소득을 높여야 합니다

　그렇다면 양극화의 해법은 무엇일까요? 양극화의 원인에 이미 해결책도 들어 있습니다. 자본소득을 줄이고 노동소득을 높이면 됩니다. 정부가 분배에 개입하는 방식 중 하나는 세금입니다. 돈을 많이 버는 기업이 더 세금을 내게 하고 부자일수록 더 많은 세금을 내는 누진소득세를 통해 자본에 더 많이 과세해서 자본소득을 줄이는 것입니다. 피케티는 자본주의가 크게 발전하고 시장경제가 확대되던 1950~1960년대에 부유층 세금, 법인세율이 더 높았다고 분석합니다.

　어떤 정치인들과 언론은 기업과 상위 부유층에 세금을 많이 거두면 투자와 고용이 줄어들어 경제가 위축된다고 주장합니다. 법인세를 깎아주어야 하는 근거가 되는 주장입니다. 그것이 사실이라면, 기업에 세금을 깎아줄 때 투자와 고용이 늘어나야 하는데 꼭 그렇지는 않습니다. 기업은 투자 가치와 이윤이 높은 사업이 있을 때 투자와 고용을 하지 법인세를 깎아주었다고 투자하지 않습니다. 세계 경제가 어렵고 투자할 만한 사업이 없다면 아무리 현금이 넘쳐나도 차곡차곡 쌓아 둡니다. 그래서 결국 법인세를 낮춘 혜택은 상위 1퍼센트에게 집중된다는 비판을 받습니다.

우리나라는 법인세가 25퍼센트(최고 세율)인데 정부가 바뀔 때마다 엎치락뒤치락합니다. 보수 정부는 낮추려 하고 진보 정부는 높이려 하기 때문입니다. 어떤 경제학자들은 법인세 인하가 경제 성장에 미치는 효과는 거의 없으며 양극화를 더 악화한다고 주장합니다. 법인세를 인하해주면 모자란 세수를 일반 시민 개인들에게서 더 거두어야 합니다.

양극화가 심해지면 가난한 사람들만 괴로울까요? 그렇지 않습니다. 양극화는 자본주의 자체에도 걸림돌이 됩니다. 1929년 경제 대공황의 원인 중 하나로 소득 불평등을 꼽습니다. 소득 불평등과 양극화가 심화되면 서민, 중산층 소득이 감소합니다. 상품 생산은 늘어나는데 팔리지 않으니 재고가 쌓여서 수요와 공급이 일치하지 않는 현상이 일어납니다. 상품이 안 팔리니 기업의 생산과 경영이 어려워지고 기업이 도산하기도 합니다. 그러면 실업자가 늘어나고 소비 시장은 얼어붙는 악순환의 늪으로 더 빠져듭니다.

금융소득보다 노동소득이 늘어나면 어떤 일이 벌어질까요? 기업이나 부유층과 달리 일반 서민들은 생활비에 돈을 다 쓰고 금고에 쌓아둘 돈이 없습니다. 사람들이 차와 가전제품을 사고 옷을 사 입고 음식을 사 먹으니 기업이 돈을 더 법니다. 수요가 늘면 기업의 투자도 일자리도 늘어납니다.

팬데믹

💡 엔데믹과 팬데믹의 차이점

중국 우한 수산시장에서 정체불명의 폐렴이 발생한 것은 2019년 11월입니다. 고기와 생선을 파는 시장인데 고슴도치, 너구리, 박쥐 같은 야생동물 고기가 유통되었지요. 그로부터 전 세계가 이 폐렴의 전파로 발칵 뒤집힌 것은 3개월이 채 지나기 전이었습니다. 우한에서 발생한 폐렴이 급속히 퍼져 나가자 2020년 1월 말 세계보건기구WHO는 국제적인 보건 비상사태를 선포했습니다. 그리고 이 전염병을 코로나19COVID-19로 이름 붙이고 전 세계적인 유행병인 팬데믹을 선언했습니다.

엔데믹은 특정 지역에 한정되어 주기적으로 도는 전염병을 말합니다. 말라리아가 대표적 예인데, 남미와 아시아에서도 종종 걸리지만 대부분 아프리카 지역에서 발생합니다. 체체파리에 물려 발병하는 아프리카수면병도 그 이름처럼 지역적으로 유행하는 질병입니다. 반면에 팬데믹은 발병이 폭발적으로 급속히 불어나서 국경을 넘어 전 세계로 번지는 질병입니다. 14세기 유럽의 흑사병, 5000만 명이 사망한 1918년의 스페인 독감, 1981년 발견되어 지금까지 전 세계적으로 사망자를 4000만 명이나 낸 에이즈가 그 예입니다.

21세기 최초의 팬데믹은 2002~2003년 발생한 사스(중증급성호흡기증후군)였는데, 전 세계적으로 700명이 사망했습니다. 코로나19는 그것과 전파 범위와 속도, 희생자 수에서 차원을 달리했습니다. 2023년 3월 말 기준으로 전 세계 사망자 수는 680만 명 이상입니다. 21세기가 아직 4분의 1밖에 지나지 않아 모르지만, 이번 세기 최악의 전염병으로 기록될 예정입니다. 사실 현대적인 방역 체계와 의료기술이 아니었다면 100년 전의 스페인 독감 때 이상으로 희생자가 생겼을지도 모를 일이었습니다.

코로나19는 지난 수십 년간 숨 가쁘게 달려온 세계화를 중단시켰다고 말할 정도로 전 세계에 파급 효과가 컸습니다.

코로나19는 지난 수십 년간 숨 가쁘게 달려온 세계화를 중단시켰다고
말할 정도로 전 세계에 파급 효과가 컸습니다.

비행기가 뜨지 않았고 수하물도 묶여버렸습니다. 수출입 컨테이너는 항구에 기약 없이 쌓였습니다. 공장은 문을 닫고 사람들은 집에 갇혔습니다. 사람과 물자의 교류와 경제 활동이 세계적 차원뿐 아니라 국내적으로도 멈추어버렸습니다. 또 사람들의 관계를 차단했습니다. 3년 넘게 가족들을 만나지 못했고, 사랑하는 가족이 세상을 떠날 때 바로 옆에서 손을 잡아주지도 못했습니다.

　뜻밖의 영향도 있었습니다. 인간 활동이 멈추면서 찾아온 환경과 생태의 개선 효과였지요. 자연 서식지가 복원되고 야생동물이 늘어났습니다. 공장 매연과 차량 배기가스가 멈추자 세계 최악의 스모그 지역인 인도 델리에서 파랗고 맑은 하늘이 나타나는 '기적'이 일어나기도 했습니다. 우리나라 역시 코로나19로 모든 게 나빴지만 그나마 유일하게 좋은 영향 하나를 꼽으라면 맑은 하늘이었습니다.

코로나19의 원인은 중국 우한 시장에서 유통되던 야생동물 고기의 바이러스로 지목되었습니다. 코로나 바이러스를 옮긴 숙주는 초반에 박쥐로 알려졌다가 나중에는 너구리라는 말도 있었습니다. 먹을 것도 많은 세상에 왜 박쥐 고기를 먹어서 화근을 만들었는지 중국인을 원망하는 사람들도 있었지요. 그런데 코로나19를 일으킨 근본적인 원인을 꼽자면 인간 활동입니다.

인구가 늘고 산업화와 도시화가 확대되면서 숲과 밀림이 무분별하게 개발되고 동식물들의 서식지가 파괴되었습니다. 인간과 야생동물이 거주하는 지역이 겹치기도 했고요. 이 과정에서 사람과 야생동물들의 접촉이 더 빈번해지고 야생동물 몸에서 꼬물거리던 바이러스가 인간에게 넘어오기도 했습니다.

또 생물 다양성이 파괴되면서 야생동물이 멸종되었습니다. 야생동물에게 기생하는 바이러스 입장에서는 거주지가 사라진 것이나 마찬가지지요. 그러면 새로운 미개척 땅을 찾아

나서야 합니다. 바이러스는 가축에게로 옮겨 갔다가 다시 인간에게 전염됩니다. 야생동물 몸에서는 조용히 살던 바이러스가 가축, 인간에게 넘어오면서는 병증을 일으킵니다. 그리고 사람과 사람 사이에 전파가 시작됩니다. 사실은 에이즈나 치사율 50~90퍼센트에 달하는 에볼라의 기원도 이와 비슷합니다. 야생의 원숭이나 침팬지 몸에 있던 바이러스가 인간과의 접촉을 통해 넘어온 것이지요.

팬데믹과 기후 변화의 상관관계

팬데믹과 기후 변화의 상관관계를 보고하는 과학자들의 연구도 있습니다. 바이러스를 지닌 열대 박쥐들은 그 이름대로 더운 열대에 살고 있습니다. 그런데 기후 변화로 온도가 높아진 아열대나 온대 지방으로 이주합니다. 불길한 예측에 따르면, 이런 방식으로 앞으로도 박쥐와 야생동물의 온갖 바이러스가 인간과 가축에게 유입될 수 있습니다.

그중 가장 무서운 경고는 기후 변화로 빙하나 영구동토층이 녹으면서 고대 바이러스가 출몰할 가능성입니다. 실제로 2016년 러시아의 영구동토층에 갇혀 있던 탄저균이 수천 마리의 순록을 몰살시킨 사건이 있었습니다. 수만 년 동안 꽁꽁

언 땅 속에 잠자고 있던 바이러스가 마치 좀비처럼 살아났습니다.

2022년 봄 코로나19가 사그라들면서 사람들은 일상을 회복해가고 있습니다. 코로나는 전 세계를 돌고 돌며 수억 명을 감염시킨 끝에 자연면역을 얻게 해주었습니다. 이제 코로나19 팬데믹은 엔데믹으로 전환하려는 단계입니다.

하지만 어떤 과학자들은 이제 시작일 뿐이라고 말합니다. 바이러스의 종류는 무궁무진해서 우리가 겪어본 것은 극소수에 지나지 않습니다. 기후 변화가 심해지면서 또 다른 미지의 바이러스가 출현할 가능성은 늘 열려 있습니다. 2000년대 이후 인류는 사스(2002), 메르스(2012), 지카바이러스(2015), 코로나(2019), 원숭이두창(2022) 등을 겪었습니다. 과학자들은 이런 식의 팬데믹이 앞으로도 꾸준히 반복적으로 일어날 것이라고 예측합니다. 코로나보다 강력한 것이 아니기를 바랄 뿐입니다.

인류 모두가 다함께 코로나19라는 가보지 않은 길을 걸어왔습니다. 인류는 다음에 닥칠 것을 예상하고 분명 이전보다 나은 대비 태세를 갖추고 있습니다. 큰 사건이 휩쓸고 지나간 뒤에 세상의 표준이 바뀐 것을 뉴 노멀이라고 하지요. 인류는 원격으로 세계화 경제를 작동시키는 방법, 확산을 막는 방역 체계, 재택근무와 재택학습에 대한 표준을 마련했습니다. 지구촌은 낡고 오래된 말이지만 이번 팬데믹은 정말 한 마을에서 일어난 일처럼 빠르게 벌어졌습니다. 지구의 문제는 어느 누구 하나만 잘해서는 안 되고 모두가 잘해야 하는 일임을 알게 되었습니다.

하지만 뉴 노멀만으로는 부족합니다. 앞에서 본 것처럼 기후 변화와 생물 다양성 상실 같은 환경 생태 문제를 해결하지 않는 한 바이러스 앞에 취약한 인류의 위치는 바뀌지 않습니다. 근본적인 해결은 바이러스와 인간의 접촉을 차단하는 것입니다. 그러기 위해서는 기후 온난화를 저지하고, 야생동물의 서식지를 보전하고, 인간과 야생동물의 경계를 침범하지 않는 노력이 필요합니다.

코로나를 겪으면서 '원 헬스One health'가 주목을 받았습니다. 우리는 건강해지고 싶어서 희한한 버섯도 먹고 알약도 먹고 운동도 합니다. 그런데 내가 아무리 건강을 챙겨도 나를 둘러싼 환경과 생태가 건강하지 않다면 어떻게 될까요? 하나가 잘못 되면 다른 하나도 줄줄이 아프고 병들게 되지요. 자연은 골병들었는데 인간만 쌩쌩할 수 없습니다. 이렇게 모든 것의 건강이 연결되어 있다는 게 '원 헬스'의 개념입니다.

레이첼 카슨의 책 『침묵의 봄』에 보면, 유럽 느릅나무 목제에서 옮겨 온 딱정벌레가 미국 나무에 앉습니다. 미국의 온 숲의 나무가 병들자 살충제를 썼습니다. 이 살충제는 딱정벌 레만 죽이는 게 아니라 다른 곤충들도 죽였습니다. 살충제는 또 나뭇잎을 죽이고 그걸 먹은 지렁이, 그걸 먹은 새, 너구리, 쥐가 죽고, 그렇게 죽은 쥐와 새를 먹는 올빼미와 부엉이가 죽 었습니다. 흙, 물 모두 오염되면 결국 인간도 위험하게 되는 건 뻔한 일입니다.

원 헬스는 사람, 동식물, 지구 환경이 서로 연결되어 있다 는 생각입니다. 사람의 건강은 동식물이나 환경의 건강과 연 결되어 있습니다. 지구 행성에 사는 생명 전체의 연계성 속에 서 인간 건강을 바라보는 것입니다. 원 헬스는 사람, 동물, 환 경 사이에 건강 균형을 맞추고 최대로 건강하려고 접근법을 통합하는 것입니다.

건강해지겠다고 호랑이 뼈, 지네, 오소리를 달여 먹는 사 람이 있습니다. 진짜 건강해지려면 호랑이, 오소리가 건강히 살 수 있는 서식지 생태와 생물 다양성을 복원하고 탄소 배출 을 중지해 기후 변화를 막아야 합니다. 녹지와 습지가 점점 커 지고 그곳에 동물들이 돌아와 다시 번성하는 것, 그것이 바로 제2의 코로나를 막을 방편이기도 합니다.

RE100

 100퍼센트 재생에너지로 쓰겠다는 협약, RE100

앞에서 기후 위기를 막기 위한 파리협정의 성공에 많은 장애물과 한계가 있음을 알아보았습니다. 그럼에도 파리협정을 계기로 기후 변화 문제는 인류가 해결해야 할 가장 시급한 과제로 떠올랐습니다. 또 여러 국가의 정부와 시민이 따라야 할 방향과 규범을 설정해주었습니다. 프랑스에서는 국가 헌법에 "공화국은 생물 다양성과 환경 보전을 보장하고, 기후 변화에 맞서 싸워야 한다"는 내용의 문구를 넣는 법안이 통과되었습니다.

파리협정 이후 가장 큰 변화는 많은 국가가 탄소 중립을 목표로 세운 것입니다. 탄소 중립은 기후 변화의 원인인 온실가스를 배출한 만큼 그대로 흡수해서 발생량을 0으로 만든다는 개념입니다. 숲과 바다, 습지 등의 자연은 엄청난 양의 온실가스를 흡수하고 저장할 수 있는데, 인간 활동이 그 자연의 흡수량보다 더 많이 배출한 것이 문제였습니다. 인간 활동으로 배출되는 탄소의 양을 자연이 흡수할 수준까지 제한하면 추가로 늘어나는 배출량이 없어져 탄소 중립을 달성하게 됩니다.

우리나라를 비롯해 유럽연합, 일본, 러시아 등 주요 산업 선진국들은 탄소 중립 정책을 법제화하고 있습니다. 물론 탄소 중립을 하려면 에너지, 운송, 산업 분야의 방식을 송두리째 바꾸어야 해서 시간이 상당히 걸립니다. 현재 탄소 중립 실현 목표는 국가별로 조금씩 다른데 2050년 또는 2060년까지입니다. 온실가스 배출량 세계 1위인 중국 정부는 2060년, 2위인 미국은 2050년까지가 목표입니다.

세계 모든 국가가 탄소 중립에 동참하고 협력해야 한다고 말합니다. 하지만 탄소 배출 상위 10개국이 전 세계 배출량의 70퍼센트 이상을 차지하기 때문에 탄소 중립의 성패는 그 국가들이 얼마나 성실히 이행하느냐에 달려 있습니다. 우리나라도 그 10개국에 포함됩니다.

탄소 중립 정책이 자발적인 노력이라면, 다른 나라의 탄소 배출을 억제하려는 움직임도 있습니다. 유럽연합은 2026년부터 탄소국경조정제도라는 이름의 탄소 국경세를 징수합니다. 이 제도는 유럽연합에서 생산한 물건보다 탄소 배출을 더 많이 한 수입품에 관세(탄소 국경세)를 부과하는 것입니다.

예를 들어 유럽 제조사가 철강을 생산하는데, 유럽연합의 정책에 따라 탄소 배출을 줄이기 위한 환경 설비에 투자해서 탄소 100톤을 배출하고 있다고 가정합니다. 이때 중국 철강 제조사가 탄소 150톤을 배출한다면 50톤 더 배출한 것만큼 관세를 매기는 것입니다. 이렇게 하면 유럽 바깥의 생산품에도 유럽과 똑같은 환경으로 규제하는 셈이 됩니다. 탄소 국경세의 대상은 철강, 전력, 비료, 시멘트, 알루미늄 등입니다. 2021년 기준으로 우리나라는 철강 생산 세계 6위 국가이기 때문에 직접적인 연관이 있습니다.

유럽연합은 탄소 배출을 엄격하게 규제하는데, 그렇지 않은 나라의 생산품과 경쟁해야 합니다. 여기서 두 가지 문제가 생깁니다. 우선 유럽 기업만 탄소 배출을 규제하면 가격 경쟁력이 떨어지고, 결국 유럽 기업만 손해를 봅니다. 다음으로, 탄소 배출량이 많은 다른 나라 기업의 물건을 계속 수입하면 전 지구적으로는 탄소 배출이 계속되는 셈이어서 글로벌 탄소 중립 목표를 달성할 수 없게 됩니다.

정부의 노력만으로 탄소 중립을 이룰 수 없고 기업 차원에서도 노력하고 있습니다. RE100은 신재생에너지Renewable Electricity100의 약자로, 2050년까지 기업에서 필요한 전력을 100퍼센트 재생에너지로 쓰겠다는 협약입니다.

지구촌의 중대한 캠페인이 된 RE100

2014년에 시작된 이후 2022년 기준으로 RE100 가입 기업은 376곳입니다. 애플, 구글, 메타, 마이크로소프트, 인텔, 나이키, BMW, 삼성전자, SK, LG, 현대자동차 등 세계적인 기업들이 참여합니다. 이 중에서 구글, 애플, 마이크로소프트는 이미 RE100을 달성했습니다.

세계적인 기업들이 이렇게 움직이는 것은 RE100이 단순히 기업의 사회적 책임을 지키자는 윤리적 활동이 아님을 보여줍니다. 표면적으로 RE100은 기업들의 자발적 캠페인입니다. 실상은 세계 경제와 무역에 관한 글로벌 표준, 비즈니스 모델, 산업 아이템, 관행과 규범이 바뀌는 문제입니다. 게다가 기업의 이익과 생존이 달려 있는 중대한 변화입니다. RE100

이 표준으로 정착하고 나면 준비되지 않은 기업들은 배제되고 경쟁에서 도태될 수 있습니다.

예를 들어, 어느 글로벌 기업이 RE100을 달성하고 하청 부품 공급사에도 똑같이 RE100을 요구한다고 가정해볼까요. 요건을 충족하지 못하는 공급사에는 공급량을 제한하거나 거래를 끊는 식으로 압박할 수 있습니다. 실제로 애플은 이미 RE100을 실현했다고 선언하고는 부품 조달과 하청에서도 2030년까지 RE100을 하겠다고 선언했습니다. 이러한 움직임 때문에 한편에서는 RE100이나 앞서 본 탄소 국경세가 선진 산업국이 후발 산업국들과의 경쟁에서 우위를 확보하기 위해 세운 무역 장벽이라는 비판도 있습니다.

기업이 RE100을 실현하고 싶어도 기업이 속한 나라의 전기 생산 방식이 화석연료 위주이면 공장을 해외로 옮기지 않는 한 RE100을 달성할 방법이 없습니다. 재생에너지는 전에 비해 효율이 향상되고 가격도 내려갔지만, 자본과 기술이 부족한 나라에는 여전히 그림의 떡입니다. 그에 비해 산업 선진국들에 속한 주요 글로벌 기업들은 무난히 달성할 것으로 보입니다.

2021년 기준으로 OECD 국가의 재생에너지 발전 비중은 33퍼센트입니다. 특히 덴마크 77퍼센트, 캐나다 71퍼센트입니다. 2019년 미국에서는 최초로 재생에너지 발전이 석탄 발전량을 추월했습니다.

우리나라의 RE100은 걱정스런 수준입니다. 2023년 기준으로 신재생에너지 발전 비중이 겨우 7퍼센트 정도밖에 되지 않습니다. 최근 RE100을 충족하지 못해 우리나라의 부품 생산 기업에서 수출이 잇달아 취소되었다는 소식이 들리고 있습니다. 아직도 RE100을 '자발적인 환경 캠페인' 정도로 생각한다면 인식을 바꾸고 에너지 전환을 위해 전력 질주해야 합니다.

4차 산업혁명

4차 산업혁명의 핵심, 지능

『80일간의 세계 일주』,『해저 2만 리』를 쓴 20세기 프랑스의 SF 작가 쥘 베른의 소설에는 미래의 문물이 여러 가지 나옵니다. 헬리콥터, 잠수함, 달나라 여행처럼 미래를 예견한 듯한 것들이지요.『서기 2889』라는 소설에는 멀리 떨어진 사람과 의사소통하는 장비도 등장합니다. 서기 2889년이면 의사소통 장비 따위보다 우주 식민지 정도는 상상해야 할 듯합니다.

그렇다면 지금 2020년대의 사람들이 꿈꾸는 100년 뒤의 미래는 어떤 것일까요? 요즘 화두가 된 4차 산업혁명의 내용에서 그 단서를 찾을 수 있습니다. 산업혁명은 그 이전과 다른 혁신적인 생산수단이 쓰임으로써 생산력이 파격적으로 늘어난 사건을 말합니다. 그 결과 생산, 노동, 소비, 인간관계가 바뀝니다. 더불어서 사람들의 생각, 가치관도 이전과 달라지고요.

18세기 후반 1차 산업혁명의 상징은 증기 엔진입니다. 언제 어디서든 쓸 수 있는 증기 엔진의 힘이 인간의 힘을 대신하고 생산성을 폭발적으로 높였습니다. 기계가 인간을 대체한 첫 번째 사건이었어요. 화석연료가 대량으로 쓰이기 시작하면서 오늘날 전 지구를 고민하게 만드는 기후 변화가 시작되었습니다.

2차 산업혁명은 대량 생산과 전기, 유무선 통신을 기반으로 생겨났습니다. 이어진 3차 산업혁명은 흔히 정보화 혁명으로 불립니다. 1950년대부터 시작된 컴퓨터, IT 시스템, 생산 자동화입니다. 특히 1990년대 후반부터 흔하게 사용되기 시작한 인터넷이 전 세계를 온라인으로 연결했습니다.

그 후 3차 정보화 혁명을 발판으로 4차 산업혁명이 일어났습니다. 2016년 다보스포럼에서 4차 산업혁명이라는 말이 처음 등장한 것으로 알려져 있습니다. 아직 따끈따끈한 개념이지요. 2020년대 시점에서 보면 4차 산업은 우리 삶에 서서히 스며드는 사건이면서 동시에 다가올 미래의 일이기도 합

자율주행자동차, 지능형 로봇, 사물인터넷, 인공지능, 딥러닝 등
4차 산업혁명 기술의 핵심은 지능입니다.

니다. 지금은 3차 산업혁명의 끝물 또는 4차 산업혁명이 시작
되는 시기라고 볼 수 있습니다.

3차 산업혁명이 1960년대 무렵 시작되었다고 보면 그때
는 PC도 인터넷도 없었고 3차 산업혁명의 모습이 어떻게 펼
쳐질지 희미하기만 했을 것입니다. 그 후 반세기를 지나면서
그 시대의 특징을 선명하게 규정할 수 있었습니다. 마찬가지
로 4차 산업혁명의 정의도, 그것이 가져다줄 미래의 모습도
지금은 썩 명확하지 않습니다. 인류의 삶을 뒤바꿀 정도의 변
화가 온 것도 아직 아니고요. 아마도 2080년대쯤 되면 4차 산

업혁명을 돌이켜보며 평가할 수 있겠지요. 다가오는 5차 산업
혁명 이야기가 떠들썩할 테고요.

다만 4차 산업혁명의 토대가 될 기술들을 보면서 앞으로
어떤 세상이 올지 추정해볼 수 있습니다. 자율주행자동차, 지
능형 로봇, 사물인터넷IoT, 드론, 인공지능AI, 딥러닝, 3D프린
터, 유전자 변형 등 바이오공학, 로봇공학, 신경기술, 가상 증
강현실VR, AR. 이러한 기술들이 서로 융합되면서 4차 산업혁명
시대의 그림이 그려집니다.

이 기술들에서 핵심은 지능Intelligence 입니다. 사물인터넷
은 쉽게 말해 사람과 사물과 공간이 인터넷에 연결된 상태입
니다. 전에는 컴퓨터와 스마트폰이 인터넷에 연결되었을 뿐이
었습니다. 이제는 TV, 냉장고, 에어컨 같은 가전제품에 인공
지능이 생겨 서로 정보를 주고받습니다. 인간이 조작하지 않
아도 스스로 필요한 행동을 합니다.

'스마트지구'의 미래

우리 일상의 생활 소품, 사물 하나하나가 스마트폰 같은
역할을 합니다. 만화 〈타요〉에 나오는 버스들처럼 자율주행차
들은 서로 와글와글 정보를 주고받으면서 운행합니다. 사물뿐

아니라 건물, 도로, 모든 것이 연결됩니다. '지능'이 있는 것처럼 스스로 필요한 동작과 조절을 합니다. 이런 식으로 우리를 둘러싼 모든 것에 '스마트'라는 말이 붙습니다. 스마트홈, 스마트카, 스마트신호등, 스마트거리, 스마트상점, 스마트공장 등 모든 것이 하나의 네트워크로 연결됩니다. 그리고 이것이 전체 지구로 확장하면 스마트지구가 되겠지요.

온 세상의 기계, 장비, 도구들을 '스마트'하게 만들어주는 인공지능은 인간과 비슷한 학습 능력, 추론 능력을 지닌 컴퓨터 시스템입니다. 인공지능은 사람처럼 스스로 공부하고 지식을 쌓아가는 학습 능력(딥 러닝)을 갖추고 있습니다. 또 배운 것을 토대로 새로운 사실을 추론한다는 점에서 인간이 사고하는 것과 유사합니다.

인공지능의 인공신경망은 생물처럼 복잡한 미로로 연결돼 있습니다. 인공지능의 '원시적인' 형태가 챗GPT입니다. 현재는 챗GPT가 최신 기술이지만, 미래에 인공지능이 진보한 시점에서 돌이켜보면 원시적이라는 의미예요. 챗GPT는 인간이 생산한 수조 개의 문서를 사전에 학습한 다음, 주어진 질문에 대화하듯 답을 '생성'하는 인공지능입니다. 빌 게이츠는 챗GPT가 인터넷 발명만큼 중대한 발명이라고 평가했습니다.

4차 산업혁명은 우리 삶에 어떤 변화를 불러올까요? 과거

산업혁명으로 어떤 일이 벌어졌는지를 돌이켜보겠습니다. 생산 방식이 근본적으로 바뀌면서 생산성이 그 전과 비교할 수 없게 늘어납니다. '혁명'이라는 말에 걸맞은 변화지요. 사회전체의 부가 증가합니다. 아울러 부의 집중과 불평등도 늘어나게 됩니다. 산업이 증가해 생기는 이익은 그 이익을 낼 수단을 가진 사람에게 집중되기 때문입니다.

국제적 불평등도 심화됩니다. 산업 선진국과 개발도상국간에 이미 3차 산업혁명의 진도도 따라잡을 수 없게 차이가납니다. 훨씬 고도의 기술이 요구되는 4차 산업혁명이 시작되면 격차는 더 벌어지게 됩니다. 인공지능과 자동화는 노동 집약적인 산업 위주인 개발도상국의 비교 우위를 약화합니다. 어떤 나라는 화장실도 없고, 수도 망도 되어 있지 않고, 전기는 하루에 두세 시간 공급되지만, 사람들은 손에 스마트폰을쥐고 있습니다. 3차 산업혁명의 진도도 제대로 안 끝났는데 4차가 밀고 들어오는 식입니다.

4차 산업혁명과 실업 문제

가장 걱정되는 건 역시 실업입니다. 기술 진보의 역사를보면, 기술 혁신이 일어날 때마다 직업이 사라지고 격차와 소득 불평등이 일어났습니다. 영화 〈탑건: 매버릭〉(2022)에는 다음과 같은 대사가 나옵니다. "언젠가 조종사가 필요 없는 시대가 온다. 자고, 먹고, 싸고, 명령에 불복종하는 조종사들이…" 무인 항공기는 이제 우리 손에 잡히는 미래입니다. 전투기 조종사까지는 몰라도, 자율주행차의 등장으로 운전기사가 필요 없게 될 날은 아주 가까워 보입니다.

4차 산업은 얼마나 많은 직업을 사라지게 할까요? 이전 산업혁명에서 기계가 공장 노동자를 몰아낸 것과는 차원을 달리합니다. 인공지능까지 가지 않더라도 IT 기술은, 일자리를 더 만들지 않고 적은 인원(=적은 비용)으로 큰 매출을 일으키는 방식으로 진화합니다. 주변을 둘러보면 무인 아이스크림점, 무인 식료품점, 무인 경비, 무인 세탁소 등 온통 '무인' 투성이입니다. 가뜩이나 인력 쓰는 것을 좋아하지 않는 시대에 인공지능은 인간의 정신노동을 대체할 정도로 진화했습니다. 18~20세기가 삽과 곡괭이를 든 인간 노동을 기계로 대체한 시대였다면, 21세기는 사람의 뇌를 통한 정신노동을 AI로 갈아치우는 시대입니다.

법률, 세무 같은 전문직 업무 처리뿐 아니라 흠 잡을 데 없는 기사를 쓰고 일정 수준을 넘는 코딩을 합니다. 컴퓨터가 범접할 수 없는 인간의 고유 영역이라고 생각한 창작 분야에서도 AI가 활약합니다. AI가 소설을 쓰고 그림을 그리고 작곡을 하지요.

반면에 AI가 대체할 수 없는 직업은 그리 많지 않습니다. 성직자, 사회복지사, 유치원 교사, 개그맨 등이 꼽힙니다. 인간의 감정을 이해해야 할 수 있는 직업이지요. AI는 감정을 그럴듯하게 모방할 수는 있어도, 남이 슬플 때 나도 슬픈 게 뭔지 모릅니다. 사랑하기에 이별한다는 게 뭔지, 나 보기가 역겨워 가실 때에는 말없이 고이 보내드린다는 게 무슨 의미인지 알 리가 없습니다. 하지만 이제 AI 시인까지 나온 마당에 AI 목사나 AI 스님이 나올 수 없다고 누구도 장담하기는 어렵습니다.

4차 산업혁명이 불러올 미래에 대해 상반된 두 가지 시나리오를 예상합니다. 우선 암울한 전망을 볼까요. 인공지능은 수천만 개의 인간 일자리를 공중 분해시키고 다른 차원의 양극화 시대가 열립니다. 부는 소수에게 더 집중되고 수많은 노동자는 AI의 하부 구조로 저임금 노동에 종사합니다. 도덕이나 윤리를 모르는 AI에게 '일자리 나누기'도 기대할 수 없습니다. 다음으로 낙관적인 전망을 보면, AI는 인간을 노동에서 해방시킵니다. 엄청난 생산성의 증대로 인류는 기본소득 같은 과감한 분배 방식을 실행하고 빈곤이 사라집니다. 사람들은 인공지능에게 노동의 대부분을 맡기고 더 많은 여가를 즐깁니다.

우리가 4차 산업혁명을 맞이하는 자세는 어떠해야 할까요? 먼저 이 질문을 해야 합니다. 나는 어떤 세상에서 살고 싶은가? 예를 들면, 자본과 기술 중심이 아닌 인간 중심의 사회, 덜 일하고 더 노는 사회, 분배 정의가 실현된 사회, 기술 격차로 소외된 이들을 배려하는 사회 등 여러 답변이 나올 수 있습니다. '그러기 위해 기술은 어떻게 활용되어야 하는가'가 다음 질문입니다. 예측되는 실업, 소득 불평등, 양극화에 대처하기 위한 규범과 절차, 제도, 사회 안전망 등에 대해서도 고민해야 합니다.

식량

기아로 인한 죽음은 살인이자 대량 살상입니다

"기아로 인한 죽음은 살인이다." 유엔 식량특별조사관이었던 장 지글러의 말입니다. 그는 21세기에도 수백만 명이 영양실조와 기아로 고통받는 것은 어떤 이유로도 정당화할 수 없는 황당하고 수치스러운 일이고 범죄와 다름없다고 말합니다. 어떤 사람들은 기아를 '대량 살상'이라고도 부르는데 전혀 과장이 아닙니다. 5초마다 10세 미만 어린이 한 명이 기아로 사망합니다.

라이브 에이드Live Aid는 기아로 100만 명이 사망한 에티오피아를 돕기 위한 록 콘서트였습니다. 폴 매카트니, 퀸, 마돈나 같은 세계적인 팝 스타들이 공연했고 엄청난 성금이 모였습니다. 그것은 1985년의 일이었습니다. 이후 40여 년이 지났는데 아직도 기아로 죽는 사람이 많습니다. 세계식량계획에 따르면 에이즈, 결핵, 말라리아 등 다른 모든 전염병 사망자를 더한 것보다 기아로 죽는 사람이 더 많다고 합니다.

굶주려 죽는 일이 수천 년 동안 반복된 끝에 인류는 마침내 과학과 기술의 진보를 이루어냈습니다. 지금 수준의 기술과 생산력이라면 모두가 풍족한 사회까지는 아니어도 적어도 굶어 죽는 사람은 없어야 정상입니다. 현재 전 세계가 보유한 식량 생산 능력이면 120억 명을 먹일 수 있다고 합니다. 그런데도 기아로 인한 사망이 아직 계속되고 있습니다. 능력이 없어서 그런 것이라면 그저 무능력을 한탄하겠지만, 기아 문제에 관심이 부족하고 우선순위에서 밀리는 것이 문제입니다.

기아와 식량 부족을 악화시키는 소식은 최근에도 계속 늘어납니다. 기후 변화, 경제 불황, 코로나19, 우크라이나 전쟁으로 식량 생산이 줄고 가격이 폭등했습니다. 또 식량이 경제 논리에 따라 상품 가치만 강조되거나 투기의 대상이 되는 문제도 있습니다. 보다 못한 옥스팜, 세이브더칠드런Save the Children, 월드비전 같은 구호단체 NGO 238개가 세계 지도자들에게 말했습니다. 전 세계에서 4초마다 한 명씩 굶어 죽고 있으니 기아 위기를 끝내는 긴급 행동에 나서야 한다고 말이에요. 대통령이나 총리 같은 사람들이 기아와 굶주림에 대해 고민하지 않는다고는 생각하지 않습니다. 다만 그런 문제가 정치인들에게는 최우선 과제가 아닐 뿐입니다.

기후 위기는 우리 삶 구석구석에 영향을 미칩니다. 연구 결과에 따르면 기온이 상승할 때마다 곡물의 수확량이 감소합니다. 기후 변화와 그로 인한 가뭄, 홍수, 폭염, 이상 고온 같은 자연재해는 인류가 주식량으로 삼는 10대 작물인 보리, 카사바, 옥수수, 야자, 유채, 쌀, 수수, 콩, 사탕수수, 밀의 생산량을 떨어뜨리는 요인입니다. 곡물 생산량이 떨어지면 식량 가격이 상승하고 기아와 영양실조가 심각해지는 것은 당연합니다.

세계식량계획은 기후 위기에 대응하지 않으면 전 세계에서 기아 인구가 2억 명 더 늘어날 것으로 보고 있습니다. 특히 콩고, 예맨, 나이지리아 같은 아프리카 국가들이 문제입니다. 그 연결고리는 이렇습니다. 기후 변화 → 초지 부족 → 식량 부족 → 분쟁 발발 → 기아 사태.

식량은 돈 넣고 돈 먹기 식의 투기 대상이기도 합니다. 식량은 수요가 일정하지만 공급은 산발적이고 가격 변동이 심합니다. 날씨의 영향도 많이 받고요. 2008년에 식량 가격이 급등하는 현상으로 전 세계의 가난한 사람들이 고통받은 적이 있었습니다. 기아로 인한 폭동이 37개국에서 일어났을 정도였습니다. 당시의 식량 가격 폭등을 투기꾼들이 조장했다는 비판이 있습니다.

 ## 세계 식량의 85퍼센트를 차지하는 10대 다국적 곡물회사

세계 식량의 85퍼센트를 미국의 카길 등 10대 다국적 곡물회사가 차지하고 있습니다. 식량을 독점하다시피 하는 이 기업들은 옥수수, 밀, 콩, 쌀 같은 기초 식량을 저장해두었다가 값이 올라가면 처분하는 방식으로 이익을 봅니다. 거대 자본은 식량 분배로 기아를 막는 일에 관심이 없습니다.

문제는 또 있습니다. 식량이 원료로 바뀌고 있습니다. 2007년 미국은 화석연료 의존도를 줄이기 위해 친환경 대체 에너지로서 바이오연료 생산량을 늘리는 정책을 시작했습니다. 바이오에탄올과 바이오디젤의 재료는 주로 옥수수 등의 곡물입니다. 그들이 차량 연료로 태우는 것은 누군가의 입으로 들어갈 수도 있었던 식량이었습니다. 자동차 연료 탱크 50리터를 채울 바이오에탄올을 생산하려면 옥수수 200~300킬로그램이 필요하다고 합니다. 한 사람의 1년 양식입니다. 바이오연료 수요가 늘수록 식량 곡물이 줄고 농산물 가격은 폭등합니다.

이처럼 식량이 기업의 이익을 위한 수익 상품으로 가치가 커지면서 국제 사회에서도 식량 부족 문제는 뒷전으로 밀리는 경우가 많습니다. 예를 들어 2008년 금융 위기 때 유럽 정상들은 세계식량계획에 제공하는 지원금을 줄이고 은행 구제에 몰아주자고 결의했습니다. 당시 금융회사들의 파산은 스스로의 탐욕 때문으로 평가받지만, 이들을 위기에서 건져주는 것이 굶어 죽는 사람을 구출하는 것보다 더 우선하는 일이었던 것입니다.

여러 국가들은 쌀, 밀가루 등 농산품 잉여분을 세계식량계획에 기증합니다. 세계무역기구는 이러한 관행이 시장을 왜곡한다면서, 잉여분을 기증하기보다 시장의 상품으로 거래해야 한다고 주장합니다. 무역 이익 극대화에 치우친 입장입니다.

세계무역기구와 마찬가지로 국제통화기금IMF도 시장의 자유에 영향을 미치는 정부 개입에 반대합니다. 가난한 나라에 돈(구제금융)을 빌려줄 때면 언제나 빡빡한 요구 조건을 내밉니다. 여기에는 농업 분야와 식량 문제를 약화시키는 문제도 숨어 있습니다. IMF는 자유무역이라는 명분으로 외국 농산물의 관세를 낮추고, 자국 농업에 대한 지원금을 폐지하게 합니다.

벼농사를 잘해서 자급자족하던 나라는 자국 농가를 지키기 위해 수입쌀에 관세를 30퍼센트쯤 부과합니다. 식량의 안정적인 공급을 위해서는 자국 농업의 생산성을 높이고 어느정도 시장을 보호해야 할 필요가 있습니다. 가난한 나라라고 해서 구호 식량에 의존할 수는 없습니다. 그런데 IMF의 요구대로 수입쌀 관세를 3퍼센트로 낮추고 국내 농가 지원을 끊으면 자국 벼농사 기반이 붕괴됩니다. 황당한 것은 이때 선진국에서 들어온 수입쌀은 자기 나라에서 보조금을 받아 생산한 경우도 많다는 것입니다.

이렇게 농업 시장이 빗장을 풀고 완전 개방되면 자국 농가만 손해를 보는 것이 아닙니다. 불안정한 가격으로 소비자도 피해를 봅니다. 특히 2008년에 겪은 것처럼 국제 식량 투기로 식량 가격이 폭등하면 가난한 사람들은 빈곤과 기아에 그대로 노출됩니다.

식량은 인권의 문제입니다

식량 문제를 이야기할 때 음식물 쓰레기 문제를 빼놓을수 없습니다. 전 세계에서 생산되는 식품의 3분의 1이 쓰레기

통으로 직행하고 있습니다. 말도 못할 낭비이자 사치입니다.

청나라 말의 권력자였던 서태후는 사치로 악명이 높았습니다. 매일 매끼마다 150가지 요리와 반찬이 차려졌다고 해요. 물론 이 호화로운 밥상을 혼자 다 먹어치우진 못했지요. 남은 것은 후궁과 시녀들이 알뜰하게 다 먹었으니까 음식 낭비는 없었다고 봐야지요. 하지만 오늘날 사람들은 서태후가 사치했다고 비난할 자격이 없습니다. 계속 반복되는 기아 사태와 식량 불평등 문제를 생각할 때 음식물 쓰레기는 전 세계인들의 고민과 성찰이 필요한 윤리적인 문제입니다.

식량 문제는 식량 안보 차원에서도 고민할 주제입니다. 러시아가 세계 5위 밀 수출국인 우크라이나를 침공해 곡물공장과 항구를 포격하고 수출을 못하게 되자, 각국은 식량 수출 제한 조치를 취했습니다. 전쟁 외에도 점점 심각해지는 기후 위기로 대규모 흉작이 일어날 때 식량 공급은 요동칠 수밖에 없습니다. 무엇보다 우리나라는 OECD에서 식량 해외 의존도가 1위입니다. 우리의 주식인 쌀을 빼면 나머지 곡물들은 자급이 안 됩니다. 그러니 식량을 마구 낭비할 처지가 못 됩니다.

다른 상품은 몰라도 식량만큼은 인간 생존의 필수재라는 특수성을 고려해야 합니다. 식량권이라는 개념이 있습니다. 누구나 배고픔과 영양실조에서 자유로울 권리가 있습니다. 이

식량권은 국적을 넘어 모든 인류에게 무조건 보장해야 하는 권리입니다. 다른 권리와 가치는 차차 얘기하더라도 일단 먹어야 살 수 있으니까요. 식량만큼은 자유무역, 시장 경쟁 논리로만이 아니라 인권의 논리로 접근해야 합니다. 지구 어딘가에서 5초마다 한 명이 굶어 죽는 상황에서 자유무역 질서만 강조할 수 없습니다.

그렇다고 시장의 자유가 굶어 죽지 않고 생존할 자유와 충돌할 정도의 상황은 아닙니다. 원조 식량이 시장 경쟁을 방해하고 천문학적인 식량 기업의 이익을 갉아먹을 정도는 아니기 때문입니다. 자유무역의 이익은 이익대로 챙기게 하고, 다만 지구상에서 식량이 없어 죽는 일을 사라지게 만드는 것은 21세기의 과제입니다.

메타버스와 인공지능

 가상세계와 현실세계의 결합, 메타버스

1990년대 말 인터넷을 본격적으로 쓰기 시작할 때만 해
도 우린 몰랐습니다. 인터넷이 우리 삶을 이 정도로 지배하게
될지를 말이에요. 인터넷은 시공간을 초월해서 빛의 속도로
데이터를 보냅니다. 우리가 생산하는 모든 정보, 사진, 음원,
영상, 이 모든 것이 0과 1 비트로 전환되어 전 세계 어디로든
날아갑니다. 서로inter 연결되는 망network이라는 이름대로 인
터넷이 지구를 거미줄처럼 연결한 세상이 되었습니다. 이 웹
의 차원은 그 자리에 머물러 있지 않고 새롭게 진화합니다.

· 웹 1.0 : 이메일, 게시판, 포털 중심, 인터넷 서핑과 정보 수집.
· 웹 2.0 : 양방향 블로그, SNS 플랫폼, 블로그 등 소비자를 생산자로 하는 정보 플랫폼.
· 웹 3.0 : 메타버스, 인공지능, VR 기술, 햅틱 인터페이스, 센서 기술, 3D 데이터 처리 기술.

웹이 1.0에서 2.0으로 넘어가자 단순히 정보를 검색하고 사람들과 메일을 주고받는 것을 넘어서서 쇼핑, 비즈니스가 온라인을 타고 이루어집니다. 우리 일상의 모든 영역을 웹의 차원으로 옮기도록 도와준 것은 스마트폰입니다. 우리는 잠자는 시간 빼고는 대부분 웹 세계에 연결되어 있습니다.(물론 자다가도 메신저의 톡 소리에 깨곤 합니다.) 이제 또 다른 것, 메타버스로 대표되는 웹 3.0이 오고 있습니다.

메타버스는 초월, 가공, 추상을 의미하는 메타meta와 물리적인 우주, 현실 세계를 뜻하는 유니버스universe의 합성어입니다. 즉, 가상세계와 현실세계가 결합된 것이 메타버스입니다. 가상현실VR은 3차원 컴퓨터 그래픽으로 만든 환경을 실제 존재하는 것처럼 느끼게 합니다. 메타버스는 여기서 한 단계 나아가 그 가상현실 안에서 현실세계와 같이 생활하도록 해줍

메타버스는 초월, 가공, 추상을 의미하는 메타(meta)와
물리적인 우주, 현실 세계를 뜻하는 유니버스(universe)의 합성어로
가상세계와 현실세계가 결합된 것입니다.

니다. 가상현실 안에서 나는 아바타로 활동하며 교육, 쇼핑, 콘
서트 관람, 스포츠, 사교와 만남까지 무엇이든 할 수 있습니다.

인터넷은 나를 세계 방방곡곡에 연결해주어 공간의 제약
을 뛰어넘게 해주었습니다. 메타버스는 존재감까지 초월하게
합니다. 즉, 내가 가상세계에 실제 머물러 있다거나 먼 곳에
있는 사람을 바로 옆에 있는 것처럼 느끼게 해줍니다. 내 몸은
서울에 있지만 가상현실 속에서 나는 뉴욕이나 카이로에 있
는 것처럼 느끼게 합니다. 메타버스가 아주 고도로 진화하면
현실과 가상이 너무 유사해서 구분이 어려울지도 모릅니다.

우스갯소리로 아무 데도 못가고 방에 콕 박혀 있는 것을 '방콕'이라고 말하지요. 우리는 지하 단칸방에서도 메타버스에 접속하기만 하면 진짜 같이 생생한 방콕 코끼리 여행을 하거나 아이슬란드에 가서 오로라를 볼 수 있습니다. 나의 단칸방과 카리브 해변은 완전히 다른 두 세계지만 아무 때나 어디든지 서로 편하게 오갈 수 있습니다. 마치 영화 〈아바타〉에서 판도라라는 가상현실과 물리적 현실인 지구를 오가는 것처럼 말이지요.

코로나19를 겪으면서 우리는 메타버스의 아주 작은 단편을 경험했습니다. 비대면 정책 때문에 업무, 강의, 입학식, 선거 활동, 종교 모임 같은 일상을 메타버스에서 진행하곤 했어요. 물론 우리가 다음에 경험할 메타버스에 비하면 아직은 '원시적인' 형태라고 할 수 있습니다.

☀️ 언제든 어디에 있든 '온(ON)' 상태

메타버스를 구현하기 위한 기술들이 쏟아져 나오고 있습니다. 스마트폰, 빅데이터, 사물인터넷IoT, 3D, 인공지능 같은 기술들이 그것입니다. 우리는 이미 스마트폰을 통해 온라인-오프라인의 경계를 허무는 연습을 하고 있습니다. 언제든 어디에 있든 우리는 '온ON' 상태입니다.

인공지능과 집단 지성은 메타버스의 두뇌와 심장이라고 할 수 있습니다. 인터넷이 지구를 거미줄Web처럼 연결한 이후 수십 억 명이 서로 소통하고 협력하면서 쌓아올린 지식과 판단 능력으로 집단 지성이 생겼습니다. 스마트폰과 사물인터넷 센서가 쏟아내는 대용량의 빅데이터는 중앙컴퓨터에 데이터를 저장해놓고 인터넷 접속만 되면 바로 꺼내 쓸 수 있는 클라우드 기술과 결합해 인공지능을 가능하게 합니다.

인공지능은 인간의 신경망을 본뜬 기계입니다. 신경세포인 뉴런들은 서로 가지치기하듯 이어져서 신호를 주고받습니다. 뉴런을 본뜬 인공지능 역시 입력한 데이터를 스스로 학습하고 그 정보들을 연결해 유추하는 능력이 있습니다. 사람들이 생산한 엄청난 데이터들이 네트워크로 서로 연결되자 인간의 지능과 비슷한 것이 생겨나는 것입니다.

메타버스에는 가상현실, 증강현실, 혼합현실, 라이프로깅, 거울세계 등 여러 가지 틀이 있습니다. 공상과학 영화를 보면 주인공 시점에서 안경의 투명한 창에 상대방에 대한 정보가 뜨는 장면이 나옵니다. 이것이 바로 증강현실AR인데, 현실에 가상의 정보가 덧씌워지는 방식입니다. 관광 유적지에서 건물을 스마트폰으로 찍으면 그 대상에 대한 정보가 화면에 겹쳐서 뜨는데, 바로 이 기술을 이용한 것입니다.

가상현실은 가상의 환경을 실제처럼 생생하게 느끼게 해 줍니다. 이것을 구현하기 위한 기술 장치들이 있습니다. HMD 는 안경처럼 쓰고 앞에 펼쳐진 영상을 경험하게 해주는 장치 입니다. 웨어러블(착용 기술)은 머리와 팔, 손목, 시계, 안경, 모자, 옷 등에 장착하는 IT 장치입니다. 몸에 걸치는 컴퓨터 같은 웨어러블을 통해 온도, 냄새 같은 감각을 느낄 수 있습니다. 또 디지털 기기에서 진동 등으로 사람이 촉각을 느끼게 하는 장치인 햅틱 기술도 있습니다. 인체 움직임을 디지털 형태로 기록하는 모션 캡처도 꼭 필요한 기술입니다. 이러한 기술들이 합쳐져 현실세계와 유사한 모습을 만들어 우리를 몰입하게 해줍니다.

라이프로깅은 삶life과 기록logging을 합친 말로, 사람의 삶이 기록되고 데이터화되어 저장되는 것을 가리킵니다. 이 기술을 통해 우리는 오늘 걸음 수, 달린 거리, 심박수, 여행지 등을 알 수 있습니다. 거울세계는 3D 지도나 로드뷰처럼 현실세계를 그대로 반영한 지도입니다. 그곳을 직접 찾아가지 않고도 위치와 주변 환경을 파악할 수 있습니다. 현실과 똑같이 복제한 세계가 디지털로 존재하는 것입니다. 메타버스를 현실과 유사한 곳으로 보이도록 만드는 데 필요한 기술입니다.

메타버스의 궁극적인 꿈은 무엇일까요? 메타버스의 디지털 세계와 물리적인 현실세계를 감쪽같이 연결해서 그 경계가 희미해지는 것입니다. 서울에 있는 나는 칠레로 이민을 떠난 단짝 친구를 메타버스에 접속해 단 몇 초 만에 만납니다. 친구는 3D 홀로그램 기술로 진짜 눈앞에 서 있는 것처럼 생생합니다. 둘은 실제와 똑같은 음성을 듣고 악수를 하거나 포옹도 합니다. 체온 감지 기술 덕택에 악수하는 손에서는 체온이 느껴집니다. SF 영화에 나오는 순간이동은 어쩌면 이렇게 실현되는 것인지도 모릅니다. 물론 우리 몸 자체가 디지털로 바뀌어 통신선을 타고 날아갈 수는 없지요. 하지만 가상세계를 통해 순간이동을 하는 셈입니다.

어느 순간 이런 의문이 들 수 있겠지요. '내가 지금 선 곳이 물리적 현실인가, 가상현실인가?' 정보통신 기술이 발달할수록 현실세계와 메타버스 세계는 서로 닮고 융합되어 구분할 수 없게 됩니다. 홍길동의 아바타가 실제 나의 모습과 성격을 닮아 가상 속에서 살아갑니다. 사람들은 홍길동이 현실세계에 있는지 메타버스에 있는지 구분하지 못합니다. 어쩌면 그 구분 자체가 무의미해집니다. 내가 실제에 있으면 어떻고 가상에 있으면 어떤가요. 현실과 가상이 하나로 융합되었다면 말이지요.

엔비디아 CEO 젠슨 황은 미래의 메타버스는 현실과 비슷해서 인간 아바타와 AI가 안에서 함께 지낼 것이라 말했습니다. 실제로 요즘은 가상인간들이 광고 모델이나 인플루언서로 활동하는 것을 자주 봅니다. 진짜 사람인 것으로 속기도 하지요. 메타버스에서는 가상인간과의 소통이 실제 인간과의 소통을 대체하는 일이 일어날 수 있습니다. 어쩌면 가상인간과 사랑에 빠지는 희한한 일도 생길지도 모르겠습니다.

메타버스는 물리적인 지구 이외에 또 하나의 세계를 만드는 것과 비슷합니다. 메타버스 내에 학교, 회사, 쇼핑센터, 교회, 병원, 도서관, 스포츠센터 등 모든 것이 있습니다. 메타버스 플랫폼 안에서 통용되는 가상화폐 시스템도 있습니다. 정치, 경제, 문화, 종교에 관한 모든 활동이 그 안에서 다 이루어질 수 있습니다. 육지와 물을 오가며 사는 오리너구리처럼 우리도 가상과 현실을 수시로 오가며 살아갑니다.

메타버스는 사회적인 고민과 갈등을 불러일으킬 수도 있습니다. 누군가는 깨어 있는 시간의 대부분을 가상에 살기로 결정할지 모릅니다. 현실에서 채울 수 없는 욕망을 가상에서 다 채우기 위해서지요. 이런 인구가 늘어나면 '가상현실 중독'이 사회적 문제로 떠오를 것입니다.

　어느 백화점 주차관리원이 있습니다. 집에 가면 모든 감각을 차단하고 물리적 시공간을 벗어나 가상세계로 걸어 들어갑니다. 이곳에서 그는 만렙 전사 캐릭터로 활동합니다. 낮에는 백화점에서 주차 안내봉을, 밤이 되면 광선검을 휘두르는 것이지요. 후자의 내가 진짜 나라는 생각이 들 때도 있을 거예요. 메타버스는 '나는 누구인가?'와 같은 철학적 질문을 던질지도 모릅니다.

　윤리적 문제도 있습니다. 가상현실에서 사기, 폭력, 살인이 일어나면 어떻게 관리하고 규제할지도 문제입니다. 현실세계의 법과 윤리를 그대로 적용할지, 아니면 가상현실만의 법을 따로 만들어야 할지도 고민할 주제입니다.

　메타버스는 언제쯤 우리 일상을 지배하게 될까요. 아주 머나먼 미래는 아닐지 모릅니다. 지금으로부터 50년 전으로 돌아가 "한 세대가 지나면 전화기 화면 터치 한 번으로 외국에 있는 친구와 화상 통화를 할 수 있어요"라고 말한다면 사람들 대부분이 믿지 않을 것입니다. 전화기로 쇼핑도 하고 최신 영화도 보고 은행 거래도 한다고 말하면 거짓말도 적당히 하라는 반응이겠지요. 기술혁명은 밀물 들어오듯 살며시 다가오지만 우리가 그 속에 잠겨버리는 건 금방입니다.

"우리는 지금 이미 가상의 세계에 살고 있을지 모른다."
테슬라의 CEO 일론 머스크가 했다는 말입니다. 예를 들면 우리가 실제로는 서기 3020년대에 살고 있었는데, 1000년 전을 배경으로 하는 가상 게임을 하는 중이라고 상상해볼 수 있지요. 게임 제목은 '21세기 중세 도시 서울' 정도가 되겠네요. 문틈에 손을 찧었을 때 통증도, 닭다리의 감칠맛도, 엄마의 잔소리도 이토록 실제적인데 어떻게 이게 게임이냐고요? 깨어나기 전까지는 가상인지 현실인지 절대 구분할 수 없는 것, 그것이 바로 31세기 최신 메타버스 기술입니다.

세계화 vs 반세계화

💡 세계화의 주요 효과

세계화는 자유무역의 동의어처럼 쓰일 때가 있습니다. 관세나 무역 장벽이 사라져서 나라들 간에 상품과 서비스가 자유롭게 드나드는 것이지요. 세계무역기구wto가 출범한 1995년 이후 세계화는 한층 가속화되었습니다. 자유무역의 효과는 다음과 같습니다. 물론 약 광고처럼 이상적인 효과가 그렇다는 것이고, 이런 효과를 누구나 반드시 경험하게 된다는 뜻은 아닙니다.

첫째, 국가 간 교역으로 모두의 이익이 높아집니다. 둘째,

기술과 지식의 공유를 통해 저개발 국가가 경제를 발전시키는 데 도움을 얻습니다. 셋째, 교역의 효과로 새로운 고용, 소득이 증가합니다. 넷째, 무역, 투자, 기술 공유를 통해 경제가 성장합니다. 다섯째, 물가가 낮아져서 소비자들은 재화와 용역을 값싸게 향유합니다. 우리나라는 2004년 칠레와 최초로 자유무역협정FTA을 체결했습니다. 전 세계나 지역 전체가 무역을 자유화하긴 어렵지만, FTA를 통해 몇몇 나라끼리 무역 장벽을 없애고 자유롭게 무역을 할 수는 있습니다. 당시 칠레 FTA의 효과로 홍보했던 내용이 수입 와인과 소고기를 싸게 먹을 수 있다는 것이었습니다.

물론 세계화와 자유무역 예찬론자들이 기대하는 효과는 소고기를 싸게 먹는 것 이상입니다. 세계 모든 나라가 무역, 투자, 기술 공유를 통해 경제를 성장시킨다는 것이 세계화에 대한 낙관적인 믿음입니다. 모든 나라가 글로벌 경제로 통합되면 다 같이 잘살게 된다는 것입니다. 실제로 그 결과는 어땠을까요?

세계화를 통한 자유무역과 시장 개방 효과로 전 세계적인 절대 빈곤이 극적으로 줄었습니다. 지구상에서 빈곤과 기아를 완전히 몰아낸 것은 아니더라도, 지난 30년 사이에 눈에 띄게 감소한 것은 사실입니다. 특히 극심한 빈곤을 겪던 중국과 인도는 주요 경제 대국으로 올라섰습니다. 우리나라 역시 최빈국에서 산업 강국으로 성장한 대표적인 나라입니다. 세계화를 통한 급속한 발전과 번영의 사례 연구case study라고 할 수 있습니다.

국가뿐 아니라 개인의 편익도 늘어났습니다. 전 세계 곳곳에 공급되는 가성비 좋은 중국산Made in China 공산품으로 세계인들은 소비재 지출 비용이 감소했습니다. 더 적은 돈으로 더 높은 구매력을 가지게 된 것입니다. 또 교육, 의료보건이 개선되었습니다. 선진국의 제도, 시스템, 자본이 개발도상국으로 흘러 들어가서 일정 부분 긍정적인 영향을 주었습니다.

세계 무역과 세계 평화의 상관관계를 주장하기도 합니다. 활발한 무역으로 국가 간 의존도가 크게 높아져, 서로에게 큰 피해가 될 전쟁과 무력 분쟁이 감소했다는 것입니다. 물론 환경, 인권, 빈곤 문제 등 국제 협력이 필요한 문제가 많이 늘어난 측면도 있습니다. 하지만 하나는 맞고 하나는 틀린 이야기입니다. 세계화 이후 강대국 사이에 전쟁은 사라지다시피 한 것이 사실입니다. 한때 제3차 세계대전의 위험에 대해 말했던 시절도 있지만 현재로서는 상상하기 어렵습니다. 그렇다고 세계화가 세계 평화로 이어진다고 말하기에는 아프리카와 남아시아 지역의 국지전, 내전, 무력 분쟁이 많이 일어나고 있습니다.

세계화-반세계화 논쟁은 지금도 계속됩니다. 세계화를 비판적으로 보는 입장에서 가장 흔한 주장은 무엇일까요? 세계화는 가진 자와 못 가진 자의 격차를 크게 만듭니다. 국내적으로나 국제적으로 모두 그렇습니다.

세계화 이후 글로벌 생산량과 시장의 규모는 더 커졌고 국경 없는 경쟁은 더 격화되었습니다. 그 결과 경쟁에서 이긴 쪽의 몫은 그만큼 더 커졌습니다. 경쟁력을 키운 기업은 인수합병으로 덩치를 키웁니다. 나머지는 경쟁에서 낙오되고 도태되어 사라지고요. 양극화와 불평등은 심해집니다.

국내총생산GDP은 성장했지만 새로운 고용 창출이 없거나 일자리가 타국으로 수출되는 '고용 없는 성장'이 이어집니다. 치열한 국제적 경쟁 속에서 기업들은 비용 절감을 위해 노동 유연성이란 이름으로 직원들을 정리 해고하고 비정규직의 비율을 늘립니다. 고용 안정성이 떨어지면서 비정규직, 실업자, 일을 해도 가난한 '워킹 푸어Working Poor'의 숫자는 더 늘어납니다.

반면에 경제적 성과와 혜택은 소수에게 더 집중됩니다. 고부가가치 노동을 하는 일부 계층의 소득은 이전과 비교할 수 없게 늘어나 풍요로운 소비를 하게 됩니다. 특히 글로벌 금융 위기가 휩쓸고 지나가면 상황은 더 심각해집니다. 경제 위기의 여파로 발생한 실업, 빈곤, 고물가는 취약 계층에 더 타격을 줍니다.

자유무역 체제에서 여러 나라들은 공정한 경쟁을 하고 모두에게 이익이 되는 교역을 추구합니다. 하지만 실상을 보면 얘기가 다릅니다. 팜유, 바나나, 쌀 같은 농작물을 수출하는 나라가 따로 있고, 반도체, 항공기 같은 고부가가치 제품을 수출하는 나라가 따로 있습니다. 비교 우위의 한계와 허상이 드러나는 대목입니다. '바나나 공화국'으로 불리던 과테말라가 어느 날 갑자기 엄청난 기술을 획득해 4차 산업의 핵심 고부가 아이템을 수출하는 일은 기대하기 어렵습니다. 글로벌 분업이 구조적으로 불평등하다는 비판을 받는 이유이지요.

농업은 그나마 아프리카 빈곤국들이 비교 우위를 지닐 수 있는 분야입니다. 하지만 그마저도 유지하기 어렵습니다. 보호무역을 없애고 공정한 경쟁을 하자던 미국과 유럽은 농가에 농업 보조금을 지급함으로써 그 규칙을 스스로 깨버립니다. 저개발 국가들이 농업에서도 비교 우위를 얻지 못하면 세계 시장에 내다팔 것이 거의 없습니다.

선진 산업국은 세계 시장이 필요할 때는 자유무역을 외치

다가도 경제가 위축되면 보호무역주의로 태세를 전환하기도 합니다. 가장 대표적인 것이 자국 생산품을 우대하고 지원하는 정책입니다. 미국, 유럽, 일본 등에서는 비용 절감을 위해 해외로 나간 기업이 다시 국내로 돌아오는 리쇼어링Reshoring 현상이 나타나기도 했습니다. 국내에 제조업을 다시 육성해 고용과 투자를 늘리고 경제를 부양한다는 계획이지요.

이처럼 세계화의 명암은 또렷하게 드러납니다. 분명한 것은, 우리는 세계화 이전으로 돌아갈 수 없다는 사실입니다. 무역 장벽의 빗장은 이미 풀렸고, 이것을 다시 잠그기는 어렵습니다. 국경을 넘어서 이동하는 상품, 서비스, 자본, 사람의 물결을 갑자기 차단할 수는 없습니다.

이제 인류의 선택지에는 세계화라는 환경을 활용해서 세상을 더 낫게 만드느냐 아니면 세계화로 드러난 문제들을 악화시키느냐 두 가지가 남아 있습니다. 현명한 인류라면 첫 번째 선택지를 고르겠지요. 불평등을 어떻게 합리적 수준에서 관리할지, 기술과 생산성이 더 고도화되는 지금 인간이 소외되지 않는 노동과 분배의 방법은 무엇인지, 환경 보전을 위해 지속가능한 발전을 유지하는 방법은 무엇인지 등 세계화의 미래에는 여러 도전 과제들이 놓여 있습니다.

청소년을 위한
절대 지식
© 홍명진, 2023

초판 1쇄 2023년 7월 31일 펴냄
초판 2쇄 2024년 10월 2일 펴냄

지은이 | 홍명진
펴낸이 | 강준우

인쇄 · 제본 | 지경사문화

펴낸곳 | 인물과사상사
출판등록 | 제17-204호 1998년 3월 11일

주소 | (04037) 서울시 마포구 양화로7길 6-16 서교제일빌딩 3층
전화 | 02-325-6364
팩스 | 02-474-1413

ISBN 978-89-5906-710-7
값 16,800원